"Das war Diktatur. Man denkt da heute nicht mehr dran, was das ist."

Cliewe Juritza

Schlesische Wurzeln

Ich bin 1966 in Berlin geboren und aufgewachsen. In Berlin (Ost), um genau zu sein. Die Geschichte meiner Familie und damit auch meine Geschichte beginnt jedoch schon 100 Jahre früher in Schlesien.

Meine Familie, das sind meine Mutter Lore, mein Vater Franz, meine ältere Schwester Yvonne, mein älterer Bruder Karsten, ich, Cliewe und mein jüngerer Bruder Brens. Meine Großeltern mütterlicherseits waren mein Opa Gustav und meine Oma Klara, die schon gestorben ist, als ich sehr klein war, so dass ich mich an sie gar nicht mehr erinnern kann. Der Vater meines Vaters, Heinrich ist gestorben, als mein Vater 14 Jahre alt war. Es gibt niemanden in meiner Familie, der ihn noch gekannt hat. Vaters Mutter war Oma Grete, die in Westdeutschland wohnte und uns regelmäßig besuchte und Pakete schickte.

Bis auf mich und meine Geschwister ist meine gesamte Familie in Schlesien geboren. Meine Vorfahren mütterlicherseits stammen aus Niederschlesien, aus der Gegend um Löwenberg. Die Familie meines Vaters lebte in Oberschlesien im Raum Ratibor, an der Grenze zum Hultschiner Ländchen, das 1920, nach dem Versailler Vertrag an die Tschechoslowakei abgetreten wurde und 1939 wieder mit dem Landkreis Ratibor vereinigt wurde.

In der kleinen Landgemeinde Zobten[1] am Bober, nahe Löwenberg, spielte sich um die Mitte des 19. Jahrhunderts herum ein kleines persönliches Drama für eine junge Köchin namens Agnes ab. Zobten hatte damals etwa 500 Einwohner. Viele der großen Ländereien, die Zobten umgaben, gehörten einem verdienten Rittmeister des preußischen Heeres, der sich nach seiner aktiven Laufbahn auf sein Gut in Zobten zurückgezogen hatte und dort 1866 verstarb. Agnes war jung und verliebt. Leider war ihr Auserwählter ein Familienangehöriger des Rittmeisters und eine Heirat auf keinen Fall standesgemäß. Offensichtlich störte das die Verliebten wenig, denn sie trafen sich und schließlich wurde Agnes schwanger. Auch die Schwangerschaft änderte nichts daran, dass eine Heirat außer Frage stand und so kam 1870 ein kleines Mädchen unehelich zur Welt. Das Mädchen wurde auf den Namen Hanna getauft. Hanna war die Mutter meiner Oma Klara, also meine Urgroßmutter.

Hanna wuchs in Zobten auf. Ihre Mutter heiratete einen Herrn Meier, der damit Hannas Ersatzvater wurde und die „Schande“ einigermaßen in Vergessenheit geriet. Sie war inzwischen eine recht gute Partie, denn Agnes hatte eine kleine Landwirtschaft als „Entschädigung“ für die Schwangerschaft und die Nicht-Heirat bekommen. Als Hanna erwachsen war, heiratete sie den Polizeichef Wilhelm Garnitz. Die beiden bekamen 1894 ihre erste Tochter, die sie Klara nannten, meine Großmutter. Das junge Familienglück währte nicht sehr lange,

---

[1] Heute Sobota

denn bald darauf bekam Wilhelm eine Stelle als Kommissar in Berlin angeboten. Hanna und Wilhelm beschlossen, Schlesien zu verlassen und mit ihrer kleinen Tochter in die Hauptstadt zu ziehen. Hannas Mutter, die Köchin Agnes, war jedoch vehement dagegen. Sie wollte nicht alleine in Schlesien zurückbleiben und ihre Tochter bei sich in Schlesien behalten. Ein Umzug in die große Stadt kam für sie nicht in Frage. „Wer einmal nach Berlin geht, der kommt nie wieder zurück - und wer übernimmt dann den Hof?“ hatte Agnes ihre Tochter und Wilhelm gefragt. Schließlich wurde ein Kompromiss ausgehandelt: Hanna durfte nach Berlin gehen, wenn sie ihre kleine Tochter Klara bei ihrer Mutter Agnes in Schlesien zurücklassen würde. So geschah es. Hanna und Wilhelm Garnitz zogen ohne ihr kleine Tochter Klara nach Berlin.
Vor wenigen Jahren erst war Berlin erweitert worden und ein ganz neuer Stadtteil nach den Plänen des Städteplaners James Hobrecht auf dem Wein- und Mühlenberg nördlich von Berlin, am Weg nach Prenzlau entstanden: Prenzlauer Berg. Hanna und Wilhelm bezogen eine schöne große Wohnung in der Dunckerstraße 11 im Vorderhaus, direkt gegenüber dem Helmholtzplatz. Während in den Hinterhäusern und Seitenflügeln am Helmholtzplatz hauptsächlich Industriearbeiter und Handwerker lebten, wohnten in den größeren Wohnungen der Vorderhäuser kleinere Beamte und Angestellte. Aus dem ländlichen Schlesien, waren Hanna und Wilhelm angekommen, mitten im expandierenden Berlin und gehörten im Neubauviertel Prenzlauer Berg sicher zu den „feineren Leuten“,

die sich eine Wohnung im Vorderhaus mit Blick auf den Helmholtzplatz leisten konnten. Die beiden bekamen noch eine zweite Tochter, meine Tante Martha. Zwei weitere ihrer Kinder überlebten das Kleinkindalter nicht. Ein Sohn starb an Diphtherie, der zweite Sohn an Scharlach.

Meine Großmutter, die älteste Tochter Klara blieb derweil in Schlesien zurück. Vielleicht hatten Hanna und Wilhelm vorgehabt, Klara später zu sich zu holen, wenn sie sich in Berlin eingelebt hatten. Dazu kam es aber nicht. Klara wuchs bei ihrer Großmutter Agnes auf einem kleinen Bauernhof auf und erbte dem Tod ihrer Großmuter die kleine Landwirtschaft.

Nach dem ersten Weltkrieg heiratete Klara den Maurer Gustav Barthel. Gustav bewirtschaftete neben seiner Arbeit als Maurer mit Klara den Hof, zu dem zehn Morgen Land gehörten. Für die Kühe wurden noch vier Morgen[2] hinzu gepachtet. Auf diesem Hof wuchs meine Mutter Lore auf, zusammen mit ihren drei Brüdern Horst, Friedrich und Wilfried.

Mein Opa Gustav

Mein Opa Gustav ist 1994, eine Woche vor seinem 101. Geburtstag in Berlin Prenzlauer Berg gestorben. Er war wie jeden Tag zum Zeitungshändler

[2] etwa 10.000m^2

gegenüber gegangen, um sich die Tageszeitung zu kaufen. Auf dem Rückweg war er auf der Treppe zusammengebrochen.
Der Leichnam wurde zunächst im Wohnzimmer bei meiner Mutter auf dem Sofa aufgebahrt. Ganz vorsichtig kam ich näher und zögerte, die Decke am Kopfende anzuheben. Ich hatte Angst, Gustav würde sich plötzlich bewegen. Es war unvorstellbar für mich, dass ein Mann wie Gustav einfach tot war, denn schließlich war Gustav in meiner Erinnerung immer da gewesen. Er war älter geworden als die meisten Menschen, hatte ein Jahrhundert an Lebenserfahrung gesammelt und wenn ich nachzähle, hat er in fünf verschiedenen deutschen Staaten gelebt: im Kaiserreich, der Weimarer Republik, dem Dritten Reich, der DDR und im wiedervereinigten Deutschland. In unserer Familie hatte er eine große, dominante Präsenz.
"Clewe", er sprach meinen Namen immer falsch aus,
"Clewe, setz dich mal zu mir".
Das sagte er meistens, wenn ich auf einem meiner seltenen Besuche bei meiner Mutter war. Dort wohnte Gustav seit einigen Jahren, seit er in seiner Erdgeschoßwohnung in der Schliemannstraße 39 überfallen worden war. Damals war er schon weit über 80 Jahre alt und meine Mutter hatte ihm angeboten, zu ihr und meinem Vater zu ziehen. Nur widerwillig war er umgezogen, denn seine Selbständigkeit war ihm sehr wichtig. Seitdem bewohnte er die beiden Zimmer, in dem früher meine Brüder Brens und Karsten und ich geschlafen hatten. So weit wie möglich sorgte Gustav für sich selbst und ging seiner eigenen Wege. Als

Mutters Bruder, Onkel Friedrich aus Bergfelde einmal seinen Besuch ankündigte, wollte Mutter Gustavs Zimmer sauber machen und aufräumen, damit es nicht auf sie fiele, falls es dort unordentlich wäre. Das kam für Gustav überhaupt nicht in Frage und er hat es nicht zugelassen, dass meine Mutter bei ihm putzt.

In seinem Zimmer saß er regelmäßig in einem großen Lehnstuhl und las in der Bibel. Bei einem Besuch zu Hause bei unserer Mutter, nach Gustavs Tod, hat sich mein Bruder Karsten einmal in den Stuhl gesetzt. Karsten saß irgendwie seltsam in dem Stuhl.
"Komm, lass mich mal", sagte ich und setzte mich in den Stuhl. Er war völlig unbequem. Man saß darin, wie auf dem Sprung, weil die Sitzfläche leicht nach vorne geneigt war. Trotzdem hatte Gustav dort immer gesessen. Dass der Stuhl unbequem war, hatte ihm offensichtlich nichts ausgemacht. Das passte zu meiner Erinnerung an Gustav. Er war hart zu anderen, aber auch zu sich selbst.

Gustav wurde in Langneundorf[3] in Niederschlesien im Kreis Löwenberg geboren. Langneundorf gehörte teilweise zu Zobten am Bober. Obwohl Gustav viele Geschichten aus Schlesien erzählt hat, weiß ich über seine Kindheit fast nichts. Er beschrieb, wie er als Kind an der Straße stand und

---

[3] oder auch geschrieben Lang Neundorf. Der heutige Name ist Dluzec

ein Wagen ohne Pferd vorbeikam. Das war erste Auto, das er gesehen hat.
Gustav hatte eine Ausbildung als Maurer gemacht und war nach der Lehre auf Wanderschaft gegangen. Eine seiner Stationen war die Insel Helgoland. Er erzählte, wie er dort zwei Wochen lang an der Deichmauer mit gebaut hatte. Länger hätte er es dort nicht ausgehalten, denn auf Helgoland sei alles so teuer gewesen, dass er sich dort nach der Arbeit nicht einmal ein Bier leisten konnte. Er war also weiter gezogen und schließlich im Elsaß angekommen. Dort nahm er an der Auktion eines Weinfasses teil. Unerfahren hatte er gleich das erste angebotene Faß völlig überteuert ersteigert. Das Faß schickte er in seine Heimat nach Schlesien, wo die Verwandtschaft angeblich monatelang von seinem Wein getrunken hat.

Mit 22 Jahren wurde Gustav eingezogen und musste in den Ersten Weltkrieg. "Und was sich nicht freiwillig ergab, das wurde mit dem Bajonett erstochen oder mit dem Gewehrkolben erschlagen!" Mit tiefer, eindringlicher Stimme erzählte Gustav mir und meinen Geschwistern seine Erfahrungen aus dem Krieg. Diese Erlebnisse müssen ihn sehr gereut haben, denn er erzählte uns weiter: „Eines Tages hatte ich einen Traum. Ich war auf dem Weg nach Hause. Das war während meines Fronturlaubs. Als ich an die Brücke über den Bober kam, wurde ich von einem riesigen schwarzen Hund angesprochen. Ich war sehr erschrocken und bin mit meinem Fahrrad gegen die dunkle Hundegestalt gefahren. „Weiche von mir, du Hundeluder" habe ich die Erscheinung angebrüllt, doch der Hund wich nicht zur Seite. Ich fiel vom Fahrrad und der Hund sprach zu mir: "Du sollst nicht fluchen und du sollst auch nicht töten." Nach dem Ende des Fronturlaubs habe ich im Krieg nur noch in die Luft geschossen.“

Nach dem Ersten Weltkrieg kam Gustav zurück nach Zobten und heiratete dort Klara, die zurückgelassene Tochter von Hanna und Wilhelm. Die beiden bekamen vier Kinder. Gustav arbeitete wieder als Maurer und baute für seine Familie ein neues Wohnhaus. Das alte Haus, in dem die Familie bisher wohnte, wurde jetzt als Stall genutzt, denn der von Klara geerbte kleine Bauernhof wurde noch immer weiter bewirtschaftet.

1973 war ich mit Gustav und meiner Mutter in ihrem Heimatdorf Zobten am Bober, um das alte Haus und die alte Heimat meines Großvaters und meiner Mutter anzusehen. Für mich war es das erste Mal überhaupt, dort zu sein, für die beiden das erste Mal nach der Vertreibung 1945. Mir war das entsetzlich unangenehm, wie wir da an einem Tag vor dem ehemaligen Haus von Gustav standen. Mutter machte ein Foto, von Gustav mit mir an der Hand vor dem Haus. Ich war sieben Jahre alt und begriff nicht wirklich, warum wir dort im Vorgarten eines mir fremden Hauses standen, von dem meine Mutter sagte, dass es ihnen gehört hätte. Wir trauten uns nicht rein und die jetzigen Besitzer nicht raus. Was hätten wir uns auch gegenseitig sagen sollen?

Nachdem Gustav bereits im Ersten Weltkrieg eingezogen wurde, ging auch der Zweite Weltkrieg nicht an ihm vorbei. Anfang der 1940er Jahre begegnete er eines Tages dem Gauleiter:
"Wieso grüßt du die Fahne nicht?"
Gustav antwortete: "Weil ich mein Fahrrad halten muss."
"Na, wir werden mal sehen, was wichtiger ist!"
Anscheinend wurde Gustav deswegen in den Zweiten Weltkrieg eingezogen, obwohl er schon über den Einzugs-Altersgrenze war. Nach seinen Erfahrungen im Ersten Weltkrieg ließ auch dieser Krieg bei ihm Zweifel an der Sinnhaftigkeit aufkommen.
"Das ist nicht richtig, was wir hier machen", sagte er, "Wir können doch nicht die goldenen Kuppeln der Kirchen mit der Flak beschießen". Er wurde denunziert und aufgrund dieses Vorfalls an die vorderste Front versetzt. Seine Beförderung zum Unteroffizier fiel aus.
1945 kam er in Kriegsgefangenschaft. Als er wieder aus der Gefangenschaft entlassen wurde, ging er zurück nach Zobten. Von den wenigen Bewohnern, die noch dort geblieben waren, erfuhr er, dass die meisten Dorfbewohner vertrieben waren und vor allem, die Deutschen hatten kein Eigentumsrecht mehr an ihren Häusern.
"Du deutsches Schwein, wieso trägst du die Binde nicht!", wurde er angeherrscht, weil er sich weigerte eine weiße Binde zu tragen, die die noch in Schlesien verbliebenen Deutschen kennzeichnen sollte.
"Die Binde trage ich nicht!" antwortete Gustav.

Für diese Antwort bekam er eine schallende Ohrfeige. Seitdem war er auf dem Ohr schwerhörig. Gustav beobachtete, wie aus den unbewohnten Häusern Fenster und Türen heraus gebrochen wurden, um diese als Brennholz zu verwenden. Um das an seinem Haus zu verhindern, hat er sein Haus zwischen zwei polnischen Familien verlost, um es dann zumindest in guten Händen zu wissen. 1946 wurde auch Gustav aus Schlesien vertreiben. Kurz vorher hat er sein Münzgeld in einem Topf unter einem Baum am Bober vergraben. Er hatte wohl gedacht, dass er irgendwann dorthin zurückkehren würde und wollte die Münzen so lange verstecken. Wenn ihn niemand gefunden hat, liegt der Topf noch immer dort begraben.

Gustav folgte seiner Familie nach Berlin. Außer von seiner Frau und seiner Tochter wurde er dort nicht mit offenen Armen aufgenommen. Klara und meine Mutter Lore und ihr jüngerer Bruder waren bei den Eltern von Klara, am Helmholtzplatz untergekommen. Die beiden wiederum waren alles andere als begeistert, noch einen weiteren Flüchtling aufnehmen zu müssen. Gustavs Schwiegermutter war zudem nie so ganz mit der Wahl und Heirat ihrer Tochter einverstanden war. Sie denunzierte Gustav bei der Sowjetischen Militärverwaltung als "Säufer", um ihn loszuwerden. Es ist unklar, ob das der Grund war, warum Gustav tatsächlich eine Arbeit und eine Wohnung außerhalb Berlins zugewiesen wurde. Immerhin war Gustav Maurer und die wurden in der zerstörten Stadt gebraucht. Schließlich blieb Gustav mit seiner Familie doch in Berlin, denn in dem Brandenburgischen Ort, in dem sie ursprünglich einquartiert werden sollten, wurden sowjetische Soldaten untergebracht. Gustav hatte inzwischen Arbeit gefunden und sein Chef schlug ihm vor, eine der vielen zerstörten Wohnungen in Berlin selbst wieder herzurichten. So suchte sich Gustav eine Wohnung in der Schliemannstraße 39 aus. Einige der umliegenden Häuser waren durch Bomben schwer getroffen und in der Schliemannstraße 39 selbst, war das Dachgeschoss beschädigt. Mit der finanziellen Hilfe seines Chefs reparierte Gustav das Dachgeschoss und richtete eine Wohnung im 4. Geschoss für seine Familie wieder her. In der Nachbarwohnung wuchs ich etwa 20 Jahre später auf.

Die Geschehnisse um Gustav und seine Familie in den 50er und 60er Jahren liegen für mich ziemlich im Dunkeln. Es hieß nur, dass Gustav damals die eine oder andere Affäre hatte. Meine Oma Klara hat davon wohl gewusst. Sie war überzeugte Anhängerin der Zeugen Jehovas. Bei uns zu Hause gab es regelmäßig die aktuelle Ausgabe des Wachtturms. Oma ging damit von Tür zu Tür und wollte weitere Menschen von ihrem Glauben überzeugen. Eines Tages hat sie wohl an der falschen Tür geklingelt. Sie soll von einer Stasi-Mitarbeiterin angezeigt worden sein. Mit über 60 Jahren wurde sie wegen ihrer Missionierungstätigkeit zu einer Gefängnisstrafe verurteilt. Mir und meinen Geschwistern hat man damals erzählt, Oma sei im Krankenhaus. 1969 ist Klara gestorben. Ich war damals erst drei Jahre alt, kann mich also kaum an sie erinnern. Ich erinnere mich jedoch an „Tante Oma", die spätere neue Freundin von Gustav.

Tante Oma kam hin und wieder zum Essen und war auch regelmäßig mit Gustav in Karow bei unserem Laubengrundstück. Gustav war lange mit ihr zusammen, aber irgendwann haben die beiden sich nicht mehr verstanden und sich getrennt als Gustav schon über 80 Jahre alt war.

Als wir noch mit der ganzen Familie in einer 2-Zimmer Wohnung in der Schliemannstraße 39 lebten, wohnte Gustav im gleichen Haus in der Wohnung am anderen Ende des Flures. Ich erinnere mich, wie ich als Kind auf meinem kleinen Fahrrad den Gang zwischen den beiden Wohnungen hin und her fuhr. Das Fahrrad hatte Gustav mir geschenkt. Als mein kleiner Bruder Brens 1969 geboren wurde, war die Wohnung endgültig zu klein für uns geworden. Nach einer längeren Suche bekamen wir 1976 eine größere Wohnung im gleichen Viertel, nur 10 Minuten zu Fuß von der alten entfernt, in der Stargarder Straße Ecke Lychener Straße. Gustav half natürlich beim Umzug. Da die neue, wie auch die alte Wohnung eine Ofenheizung hatte, transportierte Gustav die Kohlen aus dem Keller in einer Schubkarre in die neue Wohnung. Mein älterer Bruder Karsten und ich halfen Gustav beim Aufladen und beim Transport. Geschwitzt haben wir, als wir die Kohlen in die Schubkarre geladen haben. In der Straße, durch die wir Staub verschmiert mit der Schubkarre zogen, war auch ein Kohlenhändler. Dessen Frau brüllte aus dem Fenster: "Wenn die mal nich jeklaut sind!". Die Befürchtung der Kohlenhändlerin war nicht ganz unberechtigt. Einige der Wagen mit den Kohlen standen nämlich immer auf der Straße geparkt. Wenn es regnete, färbten die Kohlen das Wasser schwarz. Wie dunkle Tinte rann das Kohlenwasser zwischen dem Kopfsteinpflaster die Schliemannstraße hinunter.

Immer wieder erzählte uns Gustav seine Geschichten. Insbesondere dann, wenn wir Kinder etwas tun oder lassen sollten. Zum Beispiel im Winter, wenn wir zum Spielen nach draußen gingen, wurden wir ermahnt, unsere Mützen aufzusetzen, denn sonst würde es uns so ergehen, wie dem Mann, der eines abends während eines besonders strengen Winters in die Dorfkneipe kam, in der Gustav mit anderen Dorfbewohnern am Stammtisch saß. Der Mann war ohne Hut in der eisigen Kälte Fahrrad gefahren, und kurz nachdem er in die warme Kneipe gekommen war, tot umgefallen.
"Dem ist draußen das Gehirn eingefroren, weil er keinen Hut aufhatte" sagte Gustav, "und dann ist ihm in der warmen Gaststube das Gehirn zu schnell wieder aufgetaut." Ich bin mir nicht sicher, ob uns das als Kinder wirklich animierte unsere Mützen auf zu haben, aber so wie meine Mutter und Gustav es erzählten, klang es mindestens so eindrucksvoll und wahr wie seine Kriegserzählungen.

Gustav hat für jeden von uns vier Kindern ein Sparbuch angelegt. Zu unseren Geburtstagen und Feiertagen hat er immer Geld eingezahlt. Er versprach uns:
"Wenn ihr 18 seid, könnt ihr über euer Konto verfügen." Kurz vor meinem Fluchtversuch habe ich

ihn darauf angesprochen. Ich wollte nach Ungarn fahren und brauchte Geld für die Fahrkarte.
"Nein, erst wenn du heiratest bekommst du das Geld" war seine Antwort. Ich habe Gustav gebeten, mir etwas von dem Geld zu geben, denn es waren damals etwa 5.000 Mark auf dem Konto. Ich habe ihm gesagt, ich würde es ihm zurückzahlen. Aber Gustav blieb hart. Er hat mir nichts gegeben.

Bis zum Ende der 1980er Jahre hat Gustav gearbeitet, also bis nach seinem 90sten Geburtstag. Er war angestellt beim Grünflächenamt. Eines Tages hatte er Streit mit einem Kollegen. Gustav beschuldigte ihn, er hätte ihn vergiftet. Gustav war nämlich in den Tagen zum ersten Mal ernsthaft krank und das konnte seiner Meinung nach nur durch eine Vergiftung ausgelöst worden sein. In erster Linie verdächtigte er den Kollegen. Irgendwann beschuldigte er sogar meinen Bruder Karsten, weil der Arzt war und dadurch Zugang zu giftigen Stoffen hatte. Es gab fürchterlich viel Streit. Besonders Karsten war wütend, dass sein Großvater ihn einer solchen Tat beschuldigte. Als Gustav wieder gesund und zurück auf der Arbeit war, wurde er versetzt, weil niemand mehr mit ihm zusammen arbeiten wollte. Von da an arbeitete er allein am Helmholtzplatz und hat dort Müll und Papier aufgesammelt.

Die letzten zehn Jahre seines Lebens verbrachte Gustav mehr und mehr zu Hause, in seinem unbequemen Sessel, in der Bibel lesend.
"Clewe, die Welt wird im Jahr 2000 untergehen, und nur die Gerechten werden den Weltuntergang

überleben." Blitze und Feuerbälle kämen vom Himmel und er würde als einziger das Inferno überleben. Angeblich stände das alles in der Bibel. Das jüdische Volk würde sich vor dem Weltuntergang noch einmal sammeln. Das wäre durch die Einrichtung des Staates Israel nach dem Krieg der Fall. Seiner Meinung nach, ein deutliches Indiz, dass der Weltuntergang kurz bevor stünde. Gustav träumte auch von dem, was nach dem Weltuntergang käme: das Paradies.
"Um dort hineinzugelangen, muss man an eine große Tür gehen. Vor der Tür sitzt ein Wächter mit einem großen Buch, und nur der, dessen Name in diesem Buch steht, wird hereingelassen", predigte er. "Der Name deiner Oma steht schon in dem Buch." Oma war also schon im Paradies und Gustav würde ihr folgen.

Bis dahin, so war seine feste Überzeugung, sollte er aber noch seinen 100sten Geburtstag in Schlesien feiern. Im Gegensatz zu meiner Mutter redete Gustav sonst nie über Schlesien. Die Vorhersagung seines 100sten Geburtstags in den achtziger Jahren war das einzige Mal, dass mir bewusst wurde, dass nicht nur meine Mutter, sondern auch Gustav dorthin zurück wollte. Mir gegenüber hat er nur dieses eine Mal über die Rückkehr nach Zobten gesprochen. Gustav feierte tatsächlich seinen 100sten Geburtstag, wenn auch nicht in Schlesien, sondern in Berlin. Zu dem Anlass bekam er vom damaligen regierenden Bürgermeister von Berlin, Richard von Weizsäcker, eine Schafwolldecke geschenkt. Die Decke benutze ich heute im Winter, wenn es sehr kalt ist.

Mein Vater Franz

Mein Vater Franz ist zwei Jahre vor Gustav gestorben. Er starb mit nur 68 Jahren in Berlin, im Krankenhaus in der Danziger Straße. 1924 wurde er in Schammerwitz[4], bei Ratibor in Oberschlesien geboren. Seine Eltern, Grete und Heinrich haben sich scheiden lassen, als er zwei oder drei Jahre alt war. In der damalige Zeit auf dem schlesischen Land ein ziemlich ungeheures und vielleicht deshalb seltenes Ereignis. Franz wuchs in einem katholischen Schwesternheim auf. Die Erziehungsmethoden damals waren für die heutige Pädagogik ziemlich rigide. „Wenn die Kinder nicht artig waren, bekamen sie statt Kartoffeln nur die Schalen zu essen“, erzählte meine Mutter traurig. Die Kindheitserinnerungen meines Vaters haben ihre Einstellung zum katholischen Glauben sehr negativ geprägt. Da mein Vater ein sehr sensibler Mann war, haben diese ersten Lebensjahre seiner kindlichen Seele wohl nicht besonders gut getan.

Ich kann nur vermuten, warum mein Vater in dem Heim aufgewachsen ist. Wahrscheinlich musste seine Mutter nach der Scheidung arbeiten gehen und hat ihre beiden Söhne deshalb in das Heim gegeben. Ob sich mein Großvater Heinrich noch um meinen Vater gekümmert hat, weiß ich nicht. Er ist gestorben, als mein Vater 14 Jahre alt war. Das war 1938 und es gibt niemanden in der Fami-

[4] später hieß der Ort Schammerau, der heutige Name ist Samorowice

lie, der ihn noch gekannt hat und sich an ihn erinnert. Auch meine Mutter hat ihren Schwiegervater nie kennen gelernt.

Mit 17 oder 18 Jahren wurde mein Vater zur Wehrmacht eingezogen und an die Ostfront geschickt. Er erzählte wenig über den Krieg. Irgendwann hatte er im Kaukasus gestanden und die deutsche Fahne "auf dem höchsten Berg zwischen den beiden Meeren" gehisst. Das muss 1941/42 gewesen sein, auf dem Berg Elbrus, zwischen dem Schwarzen Meer und dem Kaspischen Meer. Seine Mutter Grete arbeitete während des Krieges in Treuenbrietzen in der Munitionsfabrik „Altes Lager“. Ob sie dort erst im Krieg hingegangen ist, oder bereits vorher, habe ich nicht mehr herausfinden können. Auf jeden Fall sind mein Vater und sein Bruder nach dem Krieg auch nach Treuenbrietzen gegangen. Zunächst arbeitete mein Vater bei der Bahn. Er hat bei der Planung des Bahnhofs Treuenbrietzen Süd mitgearbeitet. Ursprünglich hatte er eine Ausbildung als Klempner begonnen, aber durch den Krieg nicht beenden können. Mein Vater war sehr musisch und künstlerisch begabt. Er spielte Akkordeon und Xylophon und verdiente zu seiner Stelle bei der Bahn Geld dazu, indem er für Honorar auf Hochzeiten und Familienfeiern auftrat.

Nach der Hochzeit mit meiner Mutter Lore mieteten die beiden eine Wohnung in Prenzlauer Berg, im gleichen Haus in dem auch Lores Eltern, Gustav und Klara wohnten. Lore und Franz bekamen vier Kinder: meine ältere Schwester Yvonne, mei-

nen älteren Bruder Karsten, mich und drei Jahre nach mir, meinen jüngeren Bruder Brens.
In Berlin hatte mein Vater im Laufe der Zeit verschiedene Arbeitsstellen. Unter anderem arbeitete er als Fahrer bei der Post. Einmal hat er mich als Kind mitgenommen. Ich saß stolz auf dem Beifahrersitz und blickte von dem leicht erhöhten Platz auf die Stadt. Als er in die Postverteilstelle in der Eberswalder Straße fuhr, rief er plötzlich
"Duck dich und bleib unten". Das war spannend, denn niemand durfte wissen, dass ich mitgefahren war.

Später arbeitete mein Vater auf einem Recyclinghof in der Nähe der Prenzlauer Allee. Dort bin ich oft hingefahren, denn mein Vater hat ein paar Mal im Altpapier weggeworfene „Mosaik"-Hefte gefunden. Ich liebte Mosaik-Hefte, besonders die, die in Amerika spielten. Eine Zeit lang, stürmte ich jeden Tag nach der Schule in mein Zimmer und tauchte in die Abenteuer der Digedags im Wilden Westen ein, wie in eine andere Welt. Damit war mein Fernweh geweckt und mein Vater konnte sich meiner Unterstützung auf dem Recyclinghof sicher sein. Regelmäßig besuchte ich ihn dort, doch meistens fanden wir keine Mosaiks. Stattdessen gab mein Vater mir Unmengen von Zeitungen mit, die ich für ihn mit nach Hause trug. Sogar meine Mutter sagte eines Tages zu mir:
"Cliewe, schlepp nicht so viele Zeitungen an."
Mein Vater hat die Zeitungen benutzt, um preisgünstig den Ofen zu heizen. Er drehte sie fest zusammen und steckte sie statt der Kohlen in den Ofen.

Bei einem Sonntagsausflug in den Volkspark Friedrichshain habe ich meinen Vater das einzige Mal sportlich in Aktion erlebt. Mein kleiner Bruder Brens war beim Spielen in einem der Brunnen ausgerutscht. Noch ehe wir begriffen hatten, was passiert war, war mein Vater schon aufgesprungen und hatte Brens aus dem Wasser gezogen – pitschnass, aber unverletzt.
Andere Sonntagsausflüge machten wir mit unserem Vater in den Tierpark Friedrichsfelde. Zu der Zeit konnte man sich im Tierpark noch mit Tierbabys im Arm fotografieren lassen. Es gibt aber viele schöne Fotos im Familienalbum von diesen Ausflügen und ein Bild, auf dem meine Geschwister und ich ein Löwenbaby im Arm halten. Und sogar ein Foto mit Oma Klara mit dem Löwenbaby. Schade, dass ich damals noch so jung war, dass ich mich an den kleinen Löwen nicht mehr erinnern kann.

Je älter meine Geschwister und ich wurden, desto weniger kümmerte unser Vater um uns. Er hatte seine eigenen Hobbys. Manchmal sah ich ihm zu, wie er Schachfiguren aus Holz schnitzte. Er war sehr geschickt darin, machte aber leider aus diesem Talent nicht viel. Stattdessen sammelte er zu unserem Leid alles, was andere Menschen nicht mehr brauchen konnten. Mit besonderer Vorliebe sammelte er alte Radios und Fernsehgeräte. Die waren zigfach bei uns in der ganzen Wohnung gestapelt. Als einmal eine Lehrerin bei uns zu Besuch war, sagte sie zu meiner Mutter:

"Oh, Ihr Mann ist Fernsehmechaniker." Meine Mutter antwortete bei solchen Gelegenheiten gerne, wir seien gerade umgezogen, auch, wenn der Umzug schon Jahre her war. Da unsere Wohnung voll gestellt war mit Zeug, das andere Menschen wegwarfen, von meinen Eltern jedoch sorgsam gehütet wurde, bin ich bei solchen Besuchen immer vor Scham im Boden versunken. Wie meine Geschwister vermied ich es, dass Freunde oder Lehrer zu uns zu Besuch kamen. Mit Grauen sahen wir den Sperrmülltagen entgegen. Ich erinnere mich, wie an einem solchen Tag mein Vater auf einem Sperrmüllhaufen an der Sammelstelle stand und die Menschen, die ihre alten Möbel dort entsorgten dirigierte. An solchen Tagen war immer damit zu rechnen, dass unsere Wohnung wieder ein bisschen enger wurde.
Manchmal konnte man den Esstisch nur über einen schmalen Gang erreichen, gesäumt von den alten – und leider – defekten Fernsehern und Radios und sonstigen unbrauchbaren Gegenständen, die mein Vater sammelte. Er baute die Bildröhren aus den Fernsehern und sortierte die Ersatzteile sorgfältig in Schubladen und Schränke.
Meine Mutter ließ ihren Mann dabei gewähren. Manchmal taten wir Kinder uns zusammen, um heimlich Gerümpel meines Vaters wegzutragen. Am Helmholtzplatz gab es eine Sperrmüllsammelstelle. Dorthin schleppten wir vier Kinder gemeinsam zuweilen alte Möbel und Geräte. Aber das führte jedesmal zu großem Ärger. Denn während die Gegenstände in unseren Augen eben nur Gerümpel waren, wusste mein Vater genau Bescheid über seine Sachen und merkte genau, wenn etwas

fehlte. Und er war dementsprechend wütend, wenn wir davon etwas weggeworfen hatten. Und mein Vater konnte sehr wütend und sehr jähzornig sein. An einem Sonntag hatte er beim Mittagessen einen so heftigen Streit mit meiner älteren Schwester Yvonne, dass er wütend einen Teller mit Essen gegen die Wand warf. Den Fleck hat man noch Jahre später an der Wand gesehen. Gustav, der dabei war, war daraufhin so enttäuscht, dass er verkündete,
"Hier komme ich nicht mehr her", was er dann auch 10 Jahre lang nicht tat.
Mit meiner Schwester hatte unser Vater öfter Streit. Im Gegensatz zu mir und meinen Brüdern scheute sie sich nicht, offen Konflikte mit meinem Vater auszutragen. Dabei hatte sie das 'Pech', die Älteste und gleichzeitig das einzige Mädchen zu sein. Damit musste sie nicht nur die pubertären Ansprüche von uns Kindern als Erste durchsetzen, sie musste sich auch gegen die Erwartungen meiner Eltern an sie als potenzielle künftige Hausfrau durchsetzen. Einmal eskalierte eine Streitsituation so sehr, dass Franz einen der Esszimmerstühle nahm, um auf sie einzuschlagen, während sie mit unserer Mutter in der Küche beim abwaschen war. Glücklicherweise bremste der Türrahmen den Schlag und ein Stuhlbein brach ab. Der Stuhl gehörte zu unseren alten massiven Möbeln. Ich glaube nicht, dass Yvonne diesen Schlag überlebt hätte, wenn das Stuhlbein sie getroffen hätte. Das Stuhlbein habe ich damals wieder angeklebt und der Stuhl muss noch heute bei unserer Mutter in der Wohnung stehen. Ich weiß nicht mehr, wie alt ich damals war, vielleicht 12 oder 13 Jahre. Ge-

sprochen haben wir zu Hause nicht darüber. Ich hatte nicht erst seit diesem Tag Angst vor meinem Vater.

Heute ist mir bewusst, dass mein Vater krank war und es gibt sicher genügend Traumen aus seiner Kindheit, dem Krieg und der Vertreibung, die zu seiner zwanghaften Sammelwut geführt haben. Schlimmer war seine Unberechenbarkeit und die kam nicht von seiner Leidenschaft für das Sammeln von Gerümpel, sondern von seiner Alkoholkrankheit.
Meine Oma Grete, die Ende der 40iger Jahre nach Hann. Münden gezogen war, schickte regelmäßig Pakete mit Jacobs Kaffee und Tee von Teekanne. Meine Mutter bewahrte den Kaffee und den Tee auf dem Wohnzimmerschrank auf. Immer wieder war alles weg, obwohl keiner davon etwas getrunken hatte. Alle wussten, dass mein Vater die Sachen genommen und verkauft hatte, um seine Alkoholsucht zu finanzieren, aber auch dazu schwiegen wir alle.
Mein Vater Franz vergriff sich aber auch an Gegenständen, die uns Kindern gehörten, um sie zu verkaufen. In meinem Zimmer bewahrte ich ein kleines Holzkästchen auf, in dem ich Kleingeld sammelte. Eines Tages war alles Kleingeld weg. Ich verdächtigte meinen Vater, es genommen zu haben und schrie ihn an:
"Das waren meine Sachen!"
Mein Vater brüllte zurück: "Mach mal die Augen zu. Was du dann siehst, das gehört dir!"

Das war nicht das einzige Mal, dass mein Vater mir etwas wegnahm. An einem Freitag kam ich von der Schule nach Hause und stellte fest, dass in meinem Zimmer einige Dinge fehlten. Nach dem Tod von Tante Martha hatte ich eine schöne rote Kristallvase, verschiedene Kristallgläser und eine seltene Petroleumlampe bekommen. Die Sachen hatte ich mir in meinem Zimmer auf einem gründerzeitlichen Tisch angerichtet. Einige der Gläser fehlten. Ich war wütend, ließ mir aber nichts anmerken, sondern ging wie jeden Freitagnachmittag in die Stadtbibliothek in die Breite Straße um zu lernen, weil das bei uns zu Hause nicht möglich war. In der Stadtbibliothek fühlte ich mich wohl. Ich konnte dort in Ruhe sitzen und lesen. Neben den vielen Büchern gab es in der Stadtbibliothek auch Zeitschriften, sogar eine westdeutsche Bauzeitschrift, die ich mir gerne ansah.
Als ich an diesem Abend wieder nach Hause kam, fehlten auch die restlichen Gläser. Mein Vater hatte alles verscherbelt. Ich kam gerade noch hinzu, um mitzubekommen, wie meine Schwester nach unten auf die Straße gerannt kam und die Leute beschimpfte, denen mein Vater unsere Sachen verkauft hatte. Jetzt war meine Wut nicht mehr zu bremsen und wollte ich mich an meinem Vater rächen. Ich ging ins Badezimmer und holte die kleine Axt, die dort stand um Holz für den Badeofen zu hacken. Ich nahm die Axt mit ins Wohnzimmer und zerschlug an den vielen alten Radios, die mein Vater gesammelt hatte, die Glasfenster, hinter denen die Namen der Sendestationen standen. Auch darüber wurde in unserer Familie nie

gesprochen und insbesondere mein Vater hat dazu nie etwas gesagt.

Keiner von uns Kindern hatte zu unserem Vater ein besonderes Verhältnis. Wir versuchten unsere Mutter darin zu bestärken, sich von ihm zu trennen. Meine Schwester hatte sogar schon die Scheidungspapiere besorgt und für meine Mutter ausgefüllt. Mutter wollte sie jedoch nicht unterschreiben. So waren wir im Grunde froh, wenn unser Vater nicht zu Hause war und kein neues Gerümpel anschleppte oder unsere Sachen wegnahm. Ich kann mich nicht erinnern, dass er je mit mir gespielt oder mich in den Arm genommen hätte. Das Erlebnis in dem Postauto, die Rettung meines kleinen Bruders aus dem Brunnen im Friedrichshain oder wenn er mir ein Mosaik-Heft vom Recyclinghof mitbrachte, sind die wenigen Momente, in denen ich meinen Vater positiv in Erinnerung habe.

Sicher hat mein Vater selbst keine besonders warmherzige Kindheit und Jugend erlebt. Die Erziehung in dem katholischen Heim und sein Vater, der früh weg war und ein Spieler und Trinker gewesen sein soll, und dann als 17-jähriger im Krieg an der Ostfront. Das waren wohl keine besonders guten Rahmenbedingungen für eine positive Entwicklung. Trotzdem: er hatte vier Kinder, um die er sich hätte kümmern müssen. Stattdessen hat er alles meiner Mutter oder sogar Gustav überlassen.

Meine Oma Grete

Als Schulkind war der Atlas mein liebstes Schulbuch. 'Mit dem Finger auf der Landkarte' reiste ich um die Welt. Was lag also näher, als mit 14 Jahren das Anmeldeformular für die Handelsflotte in Rostock auszufüllen. Ich schickte es ab und wartete hoffnungsvoll auf Antwort. Die Antwort kam. Leider eine Ablehnung. Vermutlich wegen meiner Oma Grete, die in Hann. Münden (Westdeutschland) wohnte, erfüllten sich 'die Kader für den nicht sozialistischen Auslandseinsatz' nicht.
Ich war so enttäuscht, dass ich mich sofort auf mein kleines Klappfahrrad schwang und auf die Autobahn bei Pankow-Heinersdorf fuhr, um weiter nach Rostock zu fahren, um mich persönlich zu beschweren. Natürlich bin ich nicht sehr weit gekommen, denn die Polizei hat mich recht schnell von der Autobahn heruntergeholt. Aber das war der Tag, an dem ich beschloss, die DDR zu verlassen, sobald ich 18 würde.

Eine Oma in Hann. Münden zu haben, brachte unserer Familie zumindest den Vorteil der Westpakete für uns. Wir Kinder baten sie, uns Kaugummis mit Kaugummisammelbildchen zu schikken, denn wie alle Kinder tauschten wir Sammelbilder mit unseren Mitschülern und Freunden. Aber offensichtlich konnte Oma damit nichts anfangen. Sie schickte große bunte Kaugummis ohne Sammelbilder. Die waren auch lecker, aber man konnte damit nicht tauschen.

Einmal im Jahr hat Oma uns in Ost-Berlin besucht. Sie war immer sehr großzügig, wenn sie bei uns war. Sie brachte jedes Mal Süßigkeiten, Kaffee und Tee mit und jedes Kind bekam Geld. Auf meiner Flucht hatte ich 100 Westmark bei mir. Den blauen Geldschein hatte ich mir von einem der Besuche von Oma aufgehoben.

An einem Sonntag als Oma bei uns war, gab es nach dem Mittagessen Streit, weil Yvonne beim Abwasch helfen sollte und sie sich darüber beklagt hat, weil wir Jungen mal wieder nicht zu helfen brauchten. Oma sagte, dass das so in Ordnung wäre.
"Männer sind dazu da, eine Tür zu reparieren, wenn sie kaputt ist."
"Wie oft ist denn hier eine Tür kaputt?", entgegnete meine Schwester wütend.
Soweit ich weiß, war das bei uns zu Hause nur ein Mal der Fall. Ich war von der Schule nach Hause gekommen und hatte keinen Schlüssel dabei. Ich klingelte, aber niemand öffnete. Aus lauter Wut darüber, dass keiner zu Hause war, trat ich die Wohnungstür ein. Ich weiß nicht, was ich mir dabei gedacht habe. Jedenfalls habe ich die Tür selber wieder repariert.

Oma Grete wurde 1904 in Studzienna bei Ratibor geboren. Sie heiratete meinen Opa Heinrich Juritza und brachte 1924 sie südlich von Ratibor, in Schammerwitz[5], meinen Vater Franz zur Welt.

---

[5] Schammerwitz: 1936 umbenannt in Schammerau, heutiger Name Samborowice

Oma hatte noch einen zweiten Sohn, meinen Onkel Bertram. Die Gegend, in der die Familie meines Vaters wohnte, gehörte zum Hultschiner Ländchen. Das Gebiet gehörte vor dem ersten Weltkrieg zu Preußen, danach teilweise zu Polen und teilweise zu Tschechien. Etwa 2,5 Kilometer südlich von Schammerwitz gab es einen Grenzübergang. Heinrich Juritza arbeitete dort als Zöllner. Juritza war in Schammerwitz ein bekannter Name. „Willst du gut und billig kaufen, musst du zu Juritza laufen“ war der Wahlspruch des Kolonialwarenladens, den Heinrich eine Zeitlang betrieben hatte. Als mein Vater 3 Jahre alt war, ließen sich Grete und Heinrich Juritza scheiden. Das war 1927.

Während des Zweiten Weltkriegs ist Oma nach Treuenbrietzen, südlich von Berlin gezogen, um in der Nähe in der Munitionsfabrik "Altes Lager" zu arbeiten. Dort hat sie einen Mann, Herrn Kaiser, kennen gelernt. Herr Kaiser kam aus Hann. Münden. Mit ihm ist sie Ende der 40er Jahre nach Hann.Münden gezogen.
Herr Kaiser muss schon kurz danach schwer krank geworden und gestorben sein. Oma hat dann später einen Hans Bodham kennen gelernt, den sie geheiratet hat. 1974 hat sie ein kleines Fachwerkhaus mitten in der schönen Innenstadt von Hann. Münden gekauft. Zu dem Zeitpunkt war ihr dritter Mann Hans Bodham bereits gestorben. Gustav hat sie in den 70er Jahren einmal in Hann.Münden besucht. Er war ja schon seit den 60er Jahren Rentner und durfte nach Westdeutschland reisen. Als er zurück war, beschrieb

er Omas Wohnung: sie sei voll gestellt mit Möbeln. Als er die Situation beschrieb, ging er mit an den Körper gelegten Armen auf und ab, als laufe er auf einem schmalen Pfad durch die Wohnung. Im Grunde war es also bei Oma Grete genauso wie bei uns zu Hause.

Als ich im Mai 1985 aus dem Notaufnahmelager Gießen kam, hat Oma mich bei sich in ihrem Haus aufgenommen.
Ich bin damals mit dem Zug von Gießen nach Hann. Münden gefahren. An ihrem Haus habe ich geklingelt und sie hat den Türdrücker betätigt und geöffnet. Im Halbdunkel des Flurs sah ich sie die Treppe herunterkommen.
"Was wollen Sie?", fragte sie mich.
"Oma, ich bin's, Cliewe!" Sie war völlig überrascht, zumal ich unangekündigt bei ihr auftauchte. Es war wohl sehr gewöhnungsbedürftig für sie, nach langen Jahren des allein Lebens, so plötzlich ihr Haus mit ihrem 19-jährigen Enkel zu teilen, der gerade als politischer Häftling aus der DDR freigekauft wurde. Dennoch hat sie nicht gezögert.
Ich räumte mit ihrer Erlaubnis das kleine Zimmer im Erdgeschoss ihres Hauses aus. Bisher war das Zimmer ungenutzt, d.h. es war vollgestopft mit alten Möbeln und wurde anderweitig von Oma nicht genutzt. Das ging auch gar nicht. Ich rang ihr zäh die Erlaubnis ab, in dem Zimmer etwas zu entrümpeln. Wegwerfen durfte ich von den alten Möbeln und Holzbrettern freilich nichts, aber ich durfte alles zersägen und im Hinterhof aufstapeln. Was das betraf, war meine Oma wie meine Eltern geprägt von den Nachkriegserfahrungen des er-

sten Weltkrieges und noch mehr den Erfahrungen aus dem zweiten Weltkrieg und der Vertreibung. Grundsätzlich wurde nichts weggeworfen, denn man konnte alles gebrauchen, wenn auch notfalls nur, um damit den Ofen zu heizen.

Das kleine Zimmer zu betreten war gar nicht so einfach. Der Raum war komplett voll gestellt, mit alten Sofas, Möbeln, Schränken und Brettern. Als ich versuchte, die Tür zu öffnen, fiel ein Holzbrett so unglücklich von einem Schrank, dass es die Tür blockierte. Ich musste versuchen, von außen an mein Ziel zu gelangen. Glücklicherweise konnte ich vom Vorgarten das kleine Fenster schadlos eindrücken. Von dort kletterte ich über das 'Gerümpel' zur Tür und konnte sie wieder öffnen. Danach sägte ich wochenlang. Was das betraf hatte ich das Gefühl, ich wäre bei Oma vom Regen in die Traufe gekommen. Genau wie Gustav es früher beschrieben hatte, es war hier genau wie bei uns in Berlin: alles war voll gestellt und nichts durfte weggeworfen werden.

Oma hatte von ihrer Art her sehr viel Ähnlichkeit mit Gustav. Als ich bei ihr einzog, war sie schon 81. Sie war sehr dominant, robust und unerbittlich. Bis auf einen Herzanfall war sie nie krank gewesen. Als sie in den 60er Jahren nach ihrer zweiten Heirat wieder arbeiten gehen wollte und ihr Mann Hans Bodham das nicht erlaubte, kletterte sie kurzerhand durch ein Fenster und ging heimlich in der Gummifabrik arbeiten. Gäste hatte sie so gut wie nie. Auch Freundinnen kamen selten vorbei. Entweder, weil sie nicht mehr lebten oder weil Oma einen sehr klaren Ansatz hatte: "Wozu soll ich mir Leute in mein Haus einladen“, fragte sie, "damit die mir meinen Kuchen wegessen?"

Omas resolute Art verhalf mir in Hann. Münden schnell zu einer Arbeit und zur Kirchenzugehörigkeit. Sie ging mit mir zum Einwohnermeldeamt, um mich anzumelden. Der Beamte fragte mich "Welche Konfession?". Ich stutzte. Ehrlich gesagt, ich hatte keine Ahnung, was eine Konfession war. Noch ehe ich etwas sagen konnte, sagte Oma "Lutherisch-reformiert". Wenn man bedenkt, dass Oma selbst katholisch war, fand ich ihre Antwort im Nachhinein seltsam. Für den Beamten war das egal. Mit Omas Aussage war ich in der Kirche.

Nun sollte sich auch meine DDR-Klempnerlehre endlich auszahlen. Ich war ausgebildeter Geselle und so ging Oma mit mir zur größten Klempnerfirma in Hann. Münden.
"Ich stelle nur überzeugte Kommunisten ein", grinste mich der Seniorchef polternd an. Damit hatte ich ab sofort einen Job.

Freunde oder Bekannte zu finden viel mir schwer. In Berlin war ich 10 Jahre lang auf der gleichen Schule gewesen. Ich hatte dort meine Freunde kennen gelernt und diese Freundschaften hielten auch noch während ich meine Klempnerlehre machte. Jetzt kannte ich außer meiner Oma und den Kollegen niemanden. Ich versuchte Anschluss zu finden. Da ich schon als Kind und Jugendlicher sehr gerne gezeichnet habe, besuchte ich einen Zeichenkurs an der Volkshochschule. Eine Mit-

schülerin, die einen weiteren Weg nach Hause hatte, hat nach einem Kursabend bei Oma und mir im Haus übernachtet. Sie im Dachzimmer und ich unten in meinem Zimmer. Am nächsten Morgen brüllte Oma durchs Haus
"Das ist hier kein Hurenhaus." Mir war das entsetzlich peinlich und ich habe sie dann auch ziemlich schnell nach Hause gebracht. Solange Oma lebte, habe ich nie wieder jemanden mit nach Hause genommen. Auch das war also bei Oma nicht anders als in meinem Elternhaus.

So verging mein erster Sommer in Westdeutschland. Ich versuchte, auf der Arbeit mitzuhalten. Ich hatte in meiner DDR Lehre das Schweißen von Heizungsrohren nicht gelernt, was aber nun von mir erwartet wurde. In den Arbeitspausen übte ich alleine und brachte mir so das Verschweißen von Rohren bei. In meiner Freizeit zeichnete ich. In der Volkshochschule traf ich eine Frau, die wie ich bei ihrer Oma wohnte. An einem Abend habe ich sie nach Hause gefahren. Wir saßen draußen vor ihrem Haus, sie erzählte mir, dass sie eine Geschichte von einem jungen Typen gehört hätte, der seine Oma ausbooten würde. Sprach sie von mir? Ich habe ihr erzählt, dass es dabei möglicherweise um mich geht. Sie hat es mir nicht geglaubt. Warum sollte ich auch meine Oma ausbooten wollen und womit und für was?

Beim Einkaufen in der Fußgängerzone wurde ich kurz vor Weihnachten von einem gleichaltrigen jungen Mann angesprochen, der Mitglied der Baptisten war.

"Willst du nicht zur Jungen Gemeinde kommen?"
Ich war neugierig und da ich in Hann. Münden noch immer keinen Freundeskreis hatte, der auch nur annähernd mit meinen alten Freunden vergleichbar war, dachte ich, dass es eine gute Gelegenheit wäre. Ich ging zu den gemeinsamen Abenden in der "Arche", nicht weit von Omas Haus entfernt.
Kurz vor Silvester gab es wieder einen Gebetsabend.
"Jeder hat die Möglichkeit an das Rednerpult zu gehen und Gott zu danken, " forderte der Gemeindeälteste die Gemeinde auf. Einer nach dem anderen trat vor und sagte etwas. Die Aufforderung wurde mehrmals wiederholt und ich spürte einen subtilen Druck. Also stand auch ich auf und dankte, dass ich jetzt in der Gemeinde wäre und mich der Mann in der Fußgängerzone angesprochen hatte. Zu Hause habe ich lange über den Abend nachgedacht. Ich habe mich fürchterlich über mich selber geschämt. Ich wollte überhaupt nichts sagen und hatte einfach dem psychischen Druck nachgegeben. Von da an besuchte ich die Junge Gemeinde nicht mehr. Einer der Mitglieder der Jungen Gemeinde kam deshalb zu mir nach Hause.
„Warum kommst du nicht mehr zu den gemeinsamen Abenden?“, fragte er mich. Ich versuchte mich herauszureden und sagte, ich hätte keine Zeit. Ich hatte mir damals gerade einen Setzkasten gebaut. Er sagte,
"Warum hast du mehr Zeit für den Setzkasten als für Gott?" Er betete für mich.

"Ich glaube nicht an einen Gott, der mir nicht erscheint", argumentierte ich. "Ich kann doch nicht an Jesus glauben, wenn er nicht mit mir redet." Ich kam mir in der Jungen Gemeinde überwacht vor und hatte das Gefühl meine Entscheidungen nicht wirklich frei treffen zu können. Ich wollte nicht argumentieren müssen, warum oder warum ich nicht an Gott glaube, und: ich wollte mich nicht taufen lassen. Aber das war genau das, was von mir erwartet wurde.
"Ich komme mir vor wie bei der FDJ. Ich bin von einer Diktatur in die andere geraten!" platze es aus mir heraus. Damit hatte ich mich endgültig von der Freikirchlichen Gemeinde verabschiedet.

Schon ein paar Monate nach meiner Ankunft in Hann. Münden dachte ich daran, mein Abitur nachzuholen. Noch von einem Gemeindemitglied der Baptisten hatte ich den Tipp bekommen, es am Hessenkolleg in Kassel zu versuchen. Ich bewarb mich in Kassel. Zunächst brauchte ich aber einen Vorbereitungskurs, um mich dort einschreiben zu können.
Also ging ich nach der Arbeit zur Abendschule in den Vorbereitungskurs für den Zweiten Bildungsweg. Ich schaffte die Aufnahmeprüfung zum Hessenkolleg in Kassel. Oma war nicht besonders begeistert von meinen schulischen Ambitionen. "Aber Junge, du hast doch eine Ausbildung und einen Beruf. Du musst doch jetzt nicht noch Abitur machen." Die Briefe meiner Mutter zu dem Thema klangen ähnlich. Ich ließ mich davon nicht beirren und fuhr ab sofort zweimal in der Woche abends

mit meiner neu gekauften, gebrauchten Ente nach Kassel zur Schule.

Im Januar 1986 wurde in Hann. Münden alles anders. Oma ging einkaufen und rutschte in der Fußgängerzone vor einem Supermarkt aus. Das Reinigungspersonal hatte das Wischwasser bei Frost auf die Straße gekippt. Mit 82 Jahren hatte Oma einen Oberschenkelhalsbruch und musste ins Krankenhaus. Sie erholte sich zwar von dem Bruch, war jedoch nicht mehr dieselbe. Sie war plötzlich pflegebedürftig. Ich schrieb an den Supermarkt, um mich zu beschweren und eine Entschädigung zu fordern, wurde aber abgespeist. Ich war damals viel zu unerfahren, jung und neu im Westen, um mich zu wehren und ließ die Sache auf sich beruhen.

Als Oma im Krankenhaus war, nutzte ich die Gelegenheit, um im Haus weiter zu entrümpeln. Ich schleppte ganze Schränke auf dem Rücken zum Sperrmüll. Einmal wurde ich dabei fotografiert, wie ich nachts mit einem Schrank auf dem Rücken durch die Stadt schlich. Die Polizei stand am nächsten Tag mit dem Fotos vor der Haustür. In dem Schrank waren noch Kontoauszüge von Oma drin gewesen, die ich in meiner Übereifrigkeit gleich mit weggeworfen hatte. So waren sie mir auf die Schliche gekommen.

Noch im Krankenhaus hat Oma mir im April 1986 ihr Haus geschenkt. Der Notar war damals ins Krankenhaus gekommen und hatte die Schenkungsurkunde ausgestellt. Oma bekam ein Alten-

teilrecht. Das beinhaltete auch, dass ich für Oma, im Rahmen meiner beruflichen Möglichkeiten, sorgen sollte.
Entgegen der Meinungen der Ärzte holte ich Oma auf ihre Bitte hin wieder nach Hause. Die Ärzte warnten mich, ich würde kaum Zeit für mich haben, ich müsse sie rund um die Uhr betreuen und ihr beim waschen und anziehen helfen. Oma wollte jedoch nicht in ein Pflegeheim. Da ich ja den Tag über nicht zu Hause war, organisierte ich für Oma "Essen auf Rädern". Tatsächlich half ich ihr beim anziehen und waschen und auf der Toilette. Trotzdem ging ich weiter zur Arbeit und zur Abendschule. Im Sommer des Jahres war ich völlig ausgebrannt. Ich musste raus. Ich wollte endlich die Freiheit, von der ich seit meiner Kindheit geträumt hatte und für die ich fast ein Jahr im Gefängnis gesessen hatte, genießen und Urlaub machen. Ich bat eine Krankenschwester, täglich nach Oma zu sehen und sich um sie zu kümmern und fuhr nach Sardinien in Urlaub. Ich war gerade auf dem Rückweg nach Deutschland, als Oma starb. Als ich nach Hann. Münden zurückkam, hing ein Zettel vom Beerdigungsinstitut an der Tür.
Nun hatte ich ein schlechtes Gewissen, weil ich nicht da war, als Oma gestorben war und musste zunächst die Beerdigung organisieren.
"Nehmen sie ein Rasengrab, das ist neu", sagte die Frau des Bestatters. "Sie sind doch ein junger Mann, sie wollen doch nicht immer das Grab pflegen kommen. Wer weiß, wo es Sie im Leben noch hin verschlägt?"
Sie hatte Recht. Obwohl ich Oma sehr mochte, wusste ich nicht, wie lange ich überhaupt noch in

Hann. Münden sein würde, denn mir war klar, sobald ich das Abitur in der Tasche hatte, wollte ich studieren. Also nahm ich das Angebot an, Oma in einem Rasengrab bestatten zu lassen.
Bei der Beerdigung stand ich alleine mit einer Freundin von Oma am Grab. Mein Vater durfte nicht zur Beerdigung seiner Mutter nach Hann. Münden aus der DDR ausreisen. Mein Vater war ein politisch völlig unverdächtiger und harmloser Mann, stand kurz vor dem Rentenalter und gehörte bestimmt nicht zur sozialistischen Arbeitsreserve. Warum er nicht ausreisen durfte, war für mich unverständlich. Aber bereits Jahre früher hatte er einmal einen Reiseantrag gestellt, um seine Mutter im Krankenhaus nach einem Herzanfall zu besuchen. Auch dieser Antrag wurde damals ohne Begründung abgelehnt – eine willkürliche Schikane der DDR.
Bei der Beerdigung sagte der Pfarrer:
"Jesus kam zu einer Familie, die zwei Töchter hatte. Es gab eine Maria und eine Magda. Grete war eher wie Magda." Ich habe diese Rede damals überhaupt nicht verstanden. Aber ich habe das so interpretiert, als wäre Oma wie Magda eine Frau gewesen, die immer mit angepackt, vielleicht den einen oder anderen Fehltritt begangen hatte, sich aber immer durchgekämpft und gearbeitet hatte. Eine Heilige, so wie Maria war Oma sicher nicht gewesen.

Nur selten hatte ich Zeit, mich um das schöne Grundstück, das Oma noch von der Stadt gepachtet hatte, zu kümmern. Das Grundstück lag an der Spitze einer Insel in der Werra und damit mit-

ten im Hochwasser gefährdeten Gebiet. An einem Arbeitstag im Schloss von Hann. Münden, blickte ich aus dem Fenster und sah das Grundstück unter Wasser stehen. In meinem ersten Sommer in Hann. Münden habe ich manchmal auf der Inselspitze in der Sonne gelegen und einige Beete umgegraben. Die Nachbarn haben mir damals zur Begrüßung eines ihrer Grillwürstchen angeboten. Beim nächsten Mal haben sie sich bei mir beschwert, weil der Wind die Samen des Unkrauts von Omas Grundstück auf ihr Grundstück wehen würde.
Ursprünglich hatten Oma und ich vorgehabt, das Grundstück zu kaufen, aber ich habe gemerkt, dass ich überhaupt keine Zeit hatte, mich darum zu kümmern. Die Renovierung des Hauses fraß schon einen großen Teil meiner Freizeit auf, und an dem Haus gab es so einiges zu tun. "Das ist ein gutes Haus, da kommt das Hochwasser nicht hin“, hatte Oma immer gesagt. Damit hatte sie Recht. Dennoch gab es immer wieder unerwartete Probleme mit dem Haus. An einem Morgen, ich wollte gerade aufbrechen und zur Schule fahren, da bemerkte ich, wie es im Wohnzimmer von der Decke tropfte. Ich rannte nach oben, wo schon der ganze Flur und das Badezimmer unter Wasser standen. Die Wasserleitung, die im Giebel verlief, war nur schlampig mit Glaswolle isoliert. Während der Nacht hatte es gefroren und gegen Morgen war das Rohr geplatzt. Wäre ich etwas früher losgefahren und hätte das Tropfen nicht gemerkt, das ganze Haus wäre aufgeweicht gewesen. Langsam hinabsickerndes Wasser war auch der Grund, warum der Deckenbalken im Wohnzimmer sowie

ein weiterer Balken im Hinterhaus ersetzt werden mussten. Mit dem Fahrrad fuhr ich zum Baumarkt und kaufte dort einen neuen Balken. Mit dem Balken auf der Schulter fuhr ich nach Hause und baute ihn dort ein.

Auch die Fassade des Hauses war dringend renovierungsbedürftig. Ich beauftragte einen Maler aus Hann. Münden, weil eine der Fachwerkkassetten durch das Wasser schwer beschädigt war. Von der Stadt gab es einen Zuschuss für das Streichen. Als ich von der Arbeit zurückkam, hatte der Maler die gesamte Fassade gestrichen, aber ein Fachwerk-Fach ausgelassen. In diesem Fach stand ein Spruch über die aus Salzburg vertriebenen Hugenotten, die 1753 von der Stadt aufgenommen worden waren. Offensichtlich hatte sich der Maler an die Restauration dieser Kassette nicht herangetraut.

Einen Teil meiner Freizeit verbrachte ich also mit Hausreparaturen, einen anderen Teil weiterhin mit Zeichnen. Manchmal saß ich nächtelang an einer Zeichnung. Ich zeichnete alle möglichen Gegenstände im Haus. Ein altes Bügeleisen, ein Wasserglas mit einem Löffel darin, ich zeichnete 'Im schwarzen Viereck' von Kandinsky nach. Öfter aber noch, saß ich frierend an der Werra und zeichnete die Kopfweiden an der Straße zwischen Hann. Münden und Kassel.

Im April 1987 bereitete ich das erste Wiedersehen mit meiner Familie vor. Per Brief habe ich mich mit meiner Mutter in Prag am Wenzelplatz verabredet.

Schließlich war die Tschechoslowakei außer Polen das einzige Land, in das man aus der DDR problemlos reisen konnte. Und ich durfte als ehemaliger DDR-Bürger nicht wieder in die DDR einreisen. Mutter kam mit meinem jüngeren Bruder nach Prag. Das war unser erstes Wiedersehen seit 1984. Trotzdem haben wir uns nur für einen Tag getroffen und sind abends wieder nach Hause gefahren. Ich nach Hann. Münden und Mutter und Brens mit der Bahn über Dresden mit dem Nachtzug zurück nach Berlin. Mein Bruder musste am nächsten Tag wieder arbeiten.
Es war dunkel, als ich in Prag wegfuhr. Ich war unterwegs mit meiner chronisch kaputten gelben Ente und fuhr auf der Landstraße. Mir war nicht ganz wohl, denn einer der Scheinwerfer war defekt und hatte nur Standlicht. Am Straßenrand stand ein Mann in Uniform. Er winkte. Ich fuhr zur Seite und hielt an. Plötzlich saß der Mann bei mir auf dem Beifahrersitz. Es war kein Polizist, nur ein Soldat der tschechoslowakischen Armee. Ich fuhr weiter, hatte aber jetzt erst Recht das Gefühl, mich verdächtig zu machen, in dem ich einen Uniformierten mitnahm. Kurz vor der Grenze stieg der Mann aus und ich kam ohne Probleme zurück nach Deutschland.

Leider gab es an der gelben Ente immer wieder etwas zu reparieren. Das Bodenblech hatte einen Riss und musste dringend geschweißt werden. An einem Sonntag fuhr ich auf eine unserer Firmenbaustellen im Nachbarort, auf der wir gerade Heizkörper montierten. Ich bockte die Ente auf den Wagenheber und legte mich mit dem Schweißgerät unter das Auto. Das Blech war viel zu dünn, bzw. ich habe die Flamme viel zu heiß gemacht, denn plötzlich fing das Blech an zu schmelzen! Dann begann es auch noch seltsam zu riechen. Ich kroch unter dem Auto hervor – ich hatte nicht nur das Blech durchgeschmolzen, sondern sogar die Sicherheitsgurte angekokelt! Letztendlich habe ich dann die Ente zum Ausschlachten weggegeben und mir ein neues gebrauchtes Auto gekauft: eine rote Ente.

Mit der roten Ente wollte ich 1988 wieder nach Prag fahren, diesmal um meine Mutter und meine Schwester zu treffen. Leider blieb das Auto unterwegs liegen und musste abgeschleppt werden. Ich hatte keine Möglichkeit, Mutter zu benachrichtigen, dass ich später kommen würde. Also habe ich versucht, so schnell wie möglich doch noch nach Prag zu kommen. Ich bin getrampt, aber als ich schließlich am Wenzelplatz ankam, waren Mutter und Yvonne schon wieder weg. Meine Schwester hatte immer wieder gesagt, "komm, Mutter, lass uns warten, Cliewe wird schon kommen", aber letztlich mussten sie wieder zurück nach Berlin fahren. Das war sehr ärgerlich, denn der Weg war ja nicht nur für mich sehr weit und beschwerlich, sondern vor allem für Mutter und Yvonne. Die Reise von Berlin nach Prag dauerte eine ganze Nacht und die beiden waren nun umsonst eine Nacht hin und eine Nacht zurück gefahren.

Trotz der Unzuverlässigkeit bin ich mit der roten Ente sogar nach Dubrovnik in Urlaub gefahren. Auf der Fahrt hat die Gangschaltung Schwierigkeiten

gemacht. Der 4. Gang sprang immer wieder raus. Ich nahm eine Cola-Dose, damit ich mich nicht ständig vorbeugen musste, um den Gang festzuhalten.
Schließlich verkaufte ich auch die rote Ente. Zur Schule nach Kassel bin ich dann mit der Bahn gefahren. Für alle am Straßenverkehr Beteiligten war das sicherer.

Schon bald nach der Beerdigung von Oma 1986 hatten die Erbstreitigkeiten angefangen. Die Familie des verstorbenen Bruders meines Vaters forderte die Hälfte an Omas Haus ein. Das Haus hatte Oma mir ja einige Monate vor ihrem Tod geschenkt, aber ich war nicht in der Lage, Onkel Bertram auszuzahlen. Also blieb mir nichts anderes übrig, als das Haus zu verkaufen. Ich beauftragte einen Rechtsanwalt und Notar. Das Haus wurde verkauft und alle meckerten, dass es zu wenig eingebracht hatte, und das, obwohl der Verkaufpreis zweimal so hoch war, wie der Kaufpreis 14 Jahre vorher. Dann rief auch noch das Büro des Maklers an und wollte die Provision von mir kassieren. Ich hatte die Provision aber bereits bezahlt, an eine Maklerkollegin, die während des Urlaubs, des ursprünglich von mir beauftragten Maklers das Haus verkauft hatte. Ich war froh, als das Thema „Omas Haus“ endlich erledigt war.

Am 1. Mai 1988 kam meine Mutter zu Besuch nach Hann. Münden. Sie war einen Tag vorher 60 geworden und durfte als Rentnerin aus der DDR endlich nach Westdeutschland reisen. Leider kam meine Mutter nicht wie besprochen am Mittag um

12:58 in Kassel am Bahnhof an, sondern schon am Vorabend. Ich wusste davon nichts. Das Pech war, dass ich ausgerechnet an diesem Abend bei einem Freund auf einer Party war und in Kassel übernachten wollte, damit ich direkt von dort zum Bahnhof fahren und meine Mutter abholen konnte. Nun stand meine Mutter, bei ihrer ersten Reise in den Westen, alleine gegen Mitternacht auf dem Bahnhof in Kassel und konnte mich nicht erreichen. Sie ging zur Bahnhofsmission und verbrachte dort die Nacht.

Ich war 22 Jahre alt, war drei Jahre zuvor als politischer Häftling aus der DDR entlassen, hatte das Haus meiner Oma saniert, schließlich meine Oma zu Hause gepflegt, ihre Beerdigung organisiert und ihren Nachlass geregelt. Ich hatte ein Jahr als Klempner gearbeitet und in den Abendstunden den Vorbereitungskurs für den zweiten Bildungsweg gemacht. Dann hatte ich meine Stelle gekündigt und begonnen auf dem Hessenkolleg mein Abitur nachzuholen. Nach zwei Jahren pendeln von Hann. Münden nach Kassel, zog ich im Spätsommer 1988 nach Kassel. Das letzte Jahr auf dem Hessenkolleg stand bevor und dann die Entscheidung für ein Studium und einen Studienort. Aber erst einmal ließ ich Hann. Münden hinter mir.

Meine Mutter Lore

"Ich habe noch bis zum 23. Juli Urlaub. Bin noch mal weggefahren."

Als meine Mutter diese Nachricht von mir las, hat sie sich sicher nicht vorstellen können, dass ich erst nach mehreren Jahren zurückkommen würde und sie mich das nächste Mal im Besuchsraum der Haftanstalt Halle wieder sehen würde, weil ich versucht hatte, die DDR zu verlassen.

Sie machte sich also keine Gedanken, als sie diese Nachricht las, denn ihre vier Kinder waren alle sehr unabhängig und gingen schon früh ihre eigenen Wege.

Bei meiner Mutter selbst war das anders. Sie lebte selbst als 30-Jährige noch immer bei ihren Eltern Gustav und Klara.

Als kleines Mädchen wollte meine Mutter Erzieherin werden. Aber wie für so viele Kinder ihrer Generation, machte der Zweite Weltkrieg diese Träume zunichte.

Sie war 17 als die Deutschen aus Schlesien vertrieben wurden. Die Vertreibung begann im März 1945 als die Menschen in Mutters Heimatdorf Zobten am Bober von der SS vertrieben wurden, weil die Front auf sie zu kam. Meine Mutter ist damals mit ihrer Mutter und ihrem jüngeren Bruder ins Isergebirge geflohen. Am 8. Mai 1945 sind sie zurückgekehrt nach Zobten. Im Juni kam dann plötzlich ein polnischer Soldat ins Haus und sagte: "Viel mitnehmen, nicht mehr hier herkommen." Und zu meiner Mutter sagte er: "Nimm die Puppe

mit." Im Treck der Dorfbewohner gingen die drei zunächst die 7 bis 8 Kilometer zu Fuß in die Kreisstadt Löwenberg. Auf einem Leiterwagen hatten sie so viel wie möglich Gepäck verstaut. Die erste Nacht verbrachten sie auf dem Bahnhof in Löwenberg. Zu Fuß ging es danach immer weiter in Richtung Oder-Neiße Grenze, immer in Begleitung polnischer Soldaten. Sie schliefen in Scheunen, in verlassenen Häusern und im Freien. Immer auf der Suche nach etwas Essbarem. Auf einem großen Gutshof kauften sie unterwegs Kartoffeln, die bis zur nächsten Gelegenheit reichen mussten. Manchmal kochten wildfremde Bewohner der Dörfer, durch die sie zogen, für die Vertriebenen. Meine Mutter erzählte mir: „Wir haben wie die Obdachlosen gelebt. Wir sind in leerstehende Häuser gegangen und haben nach Lebensmitteln gesucht. Denn die Leute, die dort vertrieben worden waren, konnten ja auch nicht alles mitnehmen. So ging das bis zur Grenze."
Ab Görlitz ging es mit dem Zug weiter. Zuerst zögerten sie mit dem Einsteigen, denn die Züge waren völlig überfüllt.
„Ihr könnt hier auch noch ein paar Tage warten", herrschte sie der Bahnhofsvorsteher an. Die Züge fuhren unregelmäßig, häufig nur einmal am Tag. Schließlich wurden sie auf das Dach eines Zuges verfrachtet. Bei jeder Brücke warnten die vorderen Dachfahrer, diejenigen, die weiter hinten saßen, so dass sie sich rechtzeitig ducken konnten, was gar nicht so einfach war, denn das Dach war voll besetzt mit Menschen.
Die drei fuhren in eine völlig ungewisse Zukunft nach Berlin. Ihr Ziel waren die Großeltern meiner

Mutter, Hanna und Wilhelm und ihre Tochter Martha, die noch immer am Helmholtzplatz wohnten. Allerdings war es nicht klar, ob sie dort überhaupt unterkommen könnten. Als sie in Berlin ankamen, stellte sich heraus, dass Wilhelm bereits gestorben war und Hanna und Martha in einer 2-Zimmerwohnung lebten, die für drei zusätzliche Bewohner zu klein war.
Deshalb nahm meine Mutter eine Haushaltsstelle bei einer allein erziehenden Mutter in Prenzlauer Berg an. Die Frau betrieb einen Fischladen, in dem meine Mutter als Verkäuferin aushalf. Der Laden verkaufte Räucherware und auch frischen Fisch.
In den 50er Jahren arbeitete meine Mutter im Werk für Fernsehelektronik in Oberschöneweide und war in der Qualitätskontrolle beschäftigt. Einmal bekam sie einen so heftigen Stromschlag, dass sie über ein Jahr krank geschrieben war, weil sie immer wieder Herzanfälle bekam.
Mutter erzählte mir, dass einige ihrer Kolleginnen Ende der 50er Jahre nach Wedding gezogen sind. „Bei Osram konnte man mehr verdienen und es wurde irgendwann gemunkelt, dass eine Mauer gebaut werden würde.“
"Mutter, wenn du gewusst hast, dass die Mauer gebaut wird, warum bis du dann nicht nach West-Berlin gegangen?"
"Dann hätte ich nicht mehr zu meinen Eltern gekonnt." Damit hatte meine Mutter Recht. Für mich selber war das kein Grund, um in der DDR zu bleiben.

Meinen Vater Franz lernte meine Mutter durch eine Kontaktanzeige ihrer Freundin in Berlin kennen.

Mutters Freundin hatte die Anzeige aufgegeben und mein Vater hatte auf die Anzeige hin geantwortet. Weil die Freundin nicht alleine zu dem Treffen gehen wollte, nahm sie meine Mutter mit. Wie es so kam, verliebte mein Vater sich in meine Mutter und nicht in die Freundin, mit der er sich eigentlich getroffen hatte. Meine Eltern heirateten und zogen zusammen nach Berlin. Sie wohnten zuerst im Hinterhaus des Hauses, in dem auch Gustav und Klara wohnten. Das war in der Schliemannstraße, gleich um die Ecke vom Helmholtzplatz und nicht weit weg von Hanna und ihrer Tochter Martha. 1961 wurde meine Schwester Yvonne geboren, drei Jahre später mein Bruder Karsten, dann ich und schließlich mein jüngster Bruder Brens. Als Brens geboren wurde, zogen wird vom Hinterhaus in das Vorderhaus, in die Wohnung gegenüber von Gustav und Klara, die ein paar Monate vor der Geburt von Brens gestorben war.

Wir Kinder haben viel und gerne im Hof gespielt. Wir liefen durchs ganze Haus, klopften überall und trommelten alle Kinder zusammen und haben dann gemeinsam im Hof gespielt. Wir sind dort mit unseren kleinen Fahrrädern herumgekurvt und über die Mauern in die Nachbarhöfe geklettert. Von einem der größeren Jungs wurde ich beim Spielen eines Tages in den Gulliabfluss mitten im Hof gesteckt. Er hat mich eine Weile darin zappeln lassen.

Eines meiner ersten Erlebnisse außerhalb des Hofes endete sehr schnell und ziemlich dramatisch. Mein großer Bruder wollte zu seinen Kumpels zum Spielen und mich – den kleinen Bruder –

natürlich nicht mitnehmen. Also schlich ich Karsten heimlich hinterher. Ich duckte mich hinter einen Straßenbaum, Mülltonnen und Büsche und als Karsten die Straße überquerte, rannte ich hinterher. Ich hörte ein Quietschen und plötzlich lag ich direkt vor dem Rad unter der Stoßstange eines Trabants. Ich war zu Tode erschrocken und wurde zum Arzt gebracht und untersucht. Glücklicherweise war ich unverletzt. Meine Mutter sagt, dass ich seitdem sehr schreckhaft bin.

Schreckhaft war ich auch an einem Tag, an dem ich nach der Schule alleine zu Hause war. Ich meinte, Geräusche gehört zu haben. Ich bekam Angst und flüchtete ins Balkonzimmer, das damals das Zimmer meiner Schwester war. Dort kletterte ich auf den großen Kleiderschrank. Ich war der Überzeugung, dass noch jemand außer mir in der Wohnung war. Ich saß dort völlig verängstigt auf dem Schrank und hörte immer mehr Geräusche. Plötzlich klingelte es an der Wohnungstür. Ich nahm all meinen Mut zusammen und sprang vom Schrank. Ich riss die Zimmertür auf und rannte wie wild durch den langen, dunklen Flur, in dem ich die Eindringlinge vermutete. Ich öffnete die Tür. Draußen stand meine Mutter – sie hatte den Wohnungsschlüssel vergessen.

Ich hing sehr an meiner Mutter. Besonders liebte ich ihren Braten und ihre Klöße, die es immer am Sonntag pünktlich um 12 Uhr gab. Mutter war immer stolz, wenn sie das Essen auftischte und gleichzeitig die Glocken der Gethsemanekirche läuteten.

Sonntag Vormittag schickte Mutter uns immer zum Kindergottesdienst in die Eliasgemeinde in der Senefelder Straße. So bekamen wir eine gewisse religiöse Erziehung, obwohl keiner von uns getauft war.
Meine Mutter war sehr tierlieb. Wir hatten immer Tiere im Haus. Alle möglichen verletzten Katzen päppelte sie wieder auf. Eine Katze hatte ich unter einem Stromwagen am Helmholtzplatz gefunden und mit nach Hause genommen. Wir hatten aber nicht nur Katzen. Regelmäßig zogen wir für Onkel Friedrich kleine Küken groß. Die plauschigen, gelben Küken hüpften dann bei uns durch die Wohnung, bis sie alt genug waren, zu unserem Onkel aufs Land umzuziehen.

Ich erinnere mich noch, wie wir in der Zoohandlung in der Dunckerstraße unser Meerschweinchen Putzi gekauft haben. Vorsichtig trug meine Schwester das Tierchen in einer Papiertüte, in die der Zoohändler kleine Löcher gestochen hatte, nach Hause. So vorsichtig waren wir aber nicht immer mit Putzi. Wenn wir zu unserem Gartengrundstück nach Karow fuhren, fuhr auch Putzi mit. Sie hatte einen festen Platz unter einem Strauch. Am Grundstück angekommen, setzten wir sie auf dem Boden und sie flitzte los zu ihrem Strauch. Wir machten uns einen Spaß daraus, sie jedes Mal etwas weiter entfernt von dem Strauch abzusetzen, nur um sie endlich einmal rennen zu sehen. Wir wollten mit ihr spielen und sie wollte nur in Ruhe gelassen werden.

Auch meine ältere Schwester Yvonne hatte wohl öfter das Bedürfnis von ihren jüngeren Brüdern in Ruhe gelassen zu werden. Das hat Karsten und mich aber nicht abgehalten immer wieder hinter ihr herzuschleichen. Yvonne hing oft mit ihrer Clique vor der Kaufhalle in der Pappelallee herum. Wir schlichen uns hinter den Büschen an. Plötzlich wurden wir im Nacken gepackt. Die älteren Jungs der Clique hatten uns erwischt. Dank Yvonne ließen sie uns aber unversehrt wieder gehen.

Im Sommer waren wir fast jedes Wochenende auf unserem Gartengrundstück in Karow. Da wir kein Auto hatten, führen wir mit der S-Bahn. An der Schönhauser Allee stiegen wir ein, meistens schwer bepackt mit Picknickkorb, Fahrrädern und natürlich Putzi. Der Weg führte über die sogenannte Ulbrichtkurve, die seit den 50er Jahren eine direkte Verbindung von der Schönhauser Allee zum S-Bahnhof Pankow herstellte, vorbei am Gitterzaun, der später eine Mauer wurde, durch die man nicht mehr nach West-Berlin oder auf den stillgelegten S-Bahnhof Bornholmer Straße schauen konnte.

Am Bahnhof in Karow angekommen, bog mein Vater meistens gleich nach links ab in einen Biergarten, während Mutter mit uns nach rechts zu unserem Gartengrundstück ging.
In dem Garten gab es alle nur erdenklichen Obstbäume und -sträucher. Wir hatten Äpfel, Kirschen, Birnen, Johannisbeeren, Brombeeren, Himbeeren und Erdbeeren. Natürlich gab es auch Gemüse und Kartoffeln. Da wir keine Gefriertruhe hatten,

machte meine Mutter aus den Früchten Saft und Marmelade. Die Äpfel wurden den Winter über in einer Kiste eingelagert und unter meinem Bett verstaut.
Neben dem Garten in Karow war der Volkspark Friedrichshain immer wieder Ausflugsziel meiner Familie gewesen. Früher mit meinen Geschwistern und unseren Eltern, später war ich alleine oder mit meinen Kumpels dort. Ich erinnere mich, wie ich in der Dimitroffstraße in die Straßenbahn gestiegen bin. Ich hatte 20 Pfennig dabei, die ich in den Automaten steckte, an der Kurbel drehte und die Fahrkarte aus dem Automaten kam. Im Park bin ich von den Hügeln herunter gerannt und gekugelt oder im Winter bin ich mit dem Schlitten die "Todesbahn", die steile Rodelbahn vom kleinen Bunkerberg, heruntergesaust.

Als ich etwas älter war, durfte ich einmal mit meinem jüngeren Bruder Brens und einem Freund von Brens alleine zum Grundstück nach Karow fahren. Es war im Winter und es lag Schnee. Wir hatten uns ein kleines Lagerfeuer gemacht. Ich hatte dazu etwas Holz und eine Kohle aus dem Schuppen ins Feuer gelegt. Als wir gehen wollten, war die Kohle noch nicht ganz heruntergebrannt. Sorgfältig nahm ich die Kohle und legte sie zurück in den Schuppen. Weil sie noch etwas glühte, tat ich Schnee darauf, um die Glut zu löschen.
Ein paar Tage später musste ich mit meiner Mutter auf dem Polizeirevier in Karow erscheinen. Kurz nachdem wir das Grundstück verlassen hatten, hatten die Nachbarn die Feuerwehr gerufen, weil starker Rauch aus unserem Schuppen kam.

Glücklicherweise ist nichts passiert – auch der Schuppen ist nicht abgebrannt, aber die Polizei ermittelte wegen Brandstiftung. Während der Befragung erzählte meine Mutter dem Polizisten, dass ihr Großvater auch bei der Polizei gewesen war, was den Polizisten jedoch wenig, besser noch gar nicht beeindruckte. Er befragte mich zu dem Brand auf unserem Grundstück und ich erzählte, wie es gewesen war. Plötzlich nahm das Gespräch eine andere Wendung und ich hatte auf einmal das Gefühl in einem Verhör zu sitzen. Der Grund dafür war ein Heuhaufen in Schönfließ. Als Kinder sind wir oft zu Onkel Friedrich und Tante Susanne mit der S-Bahn nach Bergfelde gefahren. Auf dem Weg dorthin kamen wir am Bahnhof Schönfließ vorbei. Es gab dort ein kleines graues Bahnhofshäuschen, in dem ein Schaffner saß, bei dem man Fahrkarten kaufen konnte. Aus der S-Bahn konnte man auf dem offenen Feld einen riesigen Heuhaufen sehen. Ich hatte meinen Freunden vorgeschlagen, nach Schönfließ zu fahren, um in diesem Heuhaufen zu spielen. Es war herrlich. Wir tobten und sprangen in dem Heuhaufen herum, bewarfen uns gegenseitig mit Stroh. Dieser Heuhaufen war offensichtlich angezündet worden und ich wurde nun verdächtigt. Damit hatte ich jedoch nichts zu tun, was ich auch beharrlich behauptete. Da man mir nichts nachweisen konnte, blieb der Polizei auch nichts anders übrig, als mich und meine Mutter wieder gehen zu lassen. Zu Hause hat meine Mutter Gustav Vorwürfe gemacht, ich hätte die Kohle nur zurückgelegt, weil wir Kinder ja auch nie etwas dürften. Verstanden habe ich das nicht. Einige Jahre später stellte sich heraus, dass mein Schulkamerad Dieter Scharlof den Heuhaufen angezündet hatte. Ich war erstaunt und entsetzt, dass ich verdächtigt wurde für etwas, das Scharlof getan hatte und dass tatsächlich jemand den ich kannte das Feuer gelegt hatte.

Das Gartengrundstück in Karow war für unsere ganze Familie sehr wichtig. Es war unser all sonntägliches Ausflugsziel und Spielplatz. Es war Ärgernis für meine große Schwester, weil das Grundstück so bewachsen war, dass es keinen Flecken gab, auf dem sie in Ruhe in der Sonne liegen konnte. Für Gustav und meine Mutter war es wohl auch ein klein bisschen Erinnerung an das Landleben in Schlesien.
Als der Nachbar eine Garage auf die Grenze zu unserem Grundstück bauen wollte, gab es wochenlang Diskussionen beim Sonntagsbraten. "Nie werde ich dem zustimmen", sagte Gustav. "Das kommt nicht in Frage." Eines Tages, als wir wieder in Karow waren, ohne Gustav, sprach der Nachbar meine Mutter an. Sie stimmte zu. Der Nachbar baute seine Garage auf die Grundstücksgrenze und Gustav war wütend.

Diese Nachgiebigkeit hatte meine Mutter auch unserem Vater gegenüber. Das liebten wir Kinder überhaupt nicht an ihr, denn sie unterstützte dabei meinen Vater in seiner unendlichen Sammelwut. Sie duldete alles, was er mit nach Hause brachte und war stets auf seiner Seite, wenn er mit uns zürnte, weil wir wieder heimlich etwas von dem Gerümpel weggebracht hatten. Ich erinnere ich, wie eines Tages eine Sozialarbeiterin bei uns zu

Hause war. Zu dem Zeitpunkt saß ich in meinem Zimmer und nähte mir gerade einen Knopf an meinem Hemd an. Das wurde von der Sozialarbeiterin moniert. Ich hätte vieles in unserer Wohnung moniert, aber bestimmt nicht, dass ich mir mit vielleicht 14 Jahren selber einen Knopf annähen konnte.

Mutter selbst hat nie mit mir geschimpft. Als ich in der 8. Klasse ein schlechteres Zeugnis hatte als sonst, sagte sie nur, sie wäre traurig. Ich bin darauf in mein Zimmer gegangen und habe geweint, weil ich meiner Mutter solch einen Kummer bereitet hatte. Ich wußte, sie hatte schon genug mit uns vier Kindern und ihrem Mann zu tun, nun bereitete ich ihr auch noch Schwierigkeiten. Ich setzte mich auf den Hosenboden und meine Noten wurden auch wieder besser.

Meine Mutter hat eine seltsame Unangreifbarkeit. Nicht nur, weil sie meine Mutter ist, sondern auch, weil sie für alle Situationen eine Ausrede und Argumentation bereit hat, deren Logik manchmal so absurd und unverständlich ist, dass ich mich oft nur resigniert zurückziehen kann.
Wenn meine Mutter sich durchsetzen wollte, tat sie das vor allem durch Beharrlichkeit, Ignoranz und Sturheit. Selbst Krankheiten bekämpfte sie auf diese Art und Weise. "Ich habe doch keinen Zukker", schimpfte sie, als sie eines Tages von einem Arztbesuch nach Hause kam. 30 Jahre später war sie noch immer der Meinung, sie wäre kerngesund, während es offensichtlich nicht so war. Mein Bruder Karsten ist Arzt, aber da laut Mutter "Das

Küken nicht schlauer sein kann als die Henne", fielen Karsten und unser aller Ratschläge, doch bitte endlich zum Arzt zu gehen, auf taube Ohren. Wir versuchten es mit Tricks. Wir bestellten eine Ärztin in ihre Wohnung, aber Mutter ließ sie nicht herein. Als es schließlich nicht mehr anders ging, zerrte meine Schwester unsere Mutter unter großen Protesten zum Arzt. Der Arzt stellte einen bedrohlich hohen Zuckerspiegel fest, der zu einer schweren Azidose und diversen Nervenschäden geführt hatte. Heute bekommt meine Mutter dreimal täglich eine Insulininjektion und es geht ihr gut. Allerdings war ihre Sturheit nicht ganz folgenlos, denn sie ist fast blind.

Ähnlich stur wie meine Mutter war ihr Bruder Horst, der älteste Sohn von Gustav. Horst wollte als junger Mann Gärtner werden, aber Gustav war dagegen. Er musste Maurer werden, genau so wie er. Nach dem Krieg ist Horst im Gegensatz zu den anderen Familienmitgliedern nicht nach Berlin bzw. Treuenbrietzen gekommen, sondern nach Plauen gegangen. Er war nur selten bei uns zu Besuch, und wenn dann nur, wenn Gustav nicht da war. Horst hatte seinem Vater offensichtlich nichts mehr zu sagen. Ich selbst bin nie bei ihm in Plauen gewesen. Meine Mutter und Brens und Yvonne sind öfter nach Plauen gefahren. Seltsamerweise hat Horst seine Schwester nie bei sich zu Hause in seiner Wohnung empfangen. Er hat sich immer mit Mutter in einem Lokal oder an einer Imbissbude verabredet und nie jemanden von uns auch nur in die Nähe seiner Wohnung gelassen. Gewohnt hat er in einer kleinen Einliegerwohnung auf dem großen Besitz eines Freundes.

Das letzte Mal, als ich Onkel Horst sah, war er auf der Titelseite der Plauener Zeitung abgebildet. Eine Sozialarbeiterin / Pflegerin hatte Onkel Horst in seiner Wohnung aufgesucht. Er wohnte unter jämmerlichen Umständen in einer Baracke ohne sanitäre Anlagen. Sie beschrieb seine dramatische Verwahrlosung und machte seinen Angehörigen schwere Vorwürfe, weil sich niemand um den alten Mann gekümmert habe. Onkel Horst kam in ein Pflegeheim in Plauen und lebte dort bis zu seinem Tod 2005.

Mutter kümmerte sich regelmäßig um Tante Martha. Als ich etwa zehn Jahre alt war, schickte mich meine Mutter zu Tante Martha, um ihr etwas Essen zu bringen. Meine Mutter stapelte mehrere Töpfe übereinander und packte sie in ein Einkaufsnetz. Sie gab mir das Netz und ich trug es vorsichtig, damit ich nichts verschüttete, die 500 Meter zu Tante Marthas Wohnung in der Duncker-straße.
Tante Martha wohnte noch immer direkt gegenüber vom Helmholtzplatz. Anfang der 1970er Jahre zog sie aus der großen Wohnung, die vom Vorderhaus in den Seitenflügel reichte, in eine kleinere Wohnung im selben Haus. Viele ihrer Möbel konnte sie nicht behalten, da kein Platz war. Ich stand auf der Straße und sah zu, wie Tische und Schränke auf ein Pferdefuhrwerk verladen wurden. Die Pferde rutschten beim Anziehen des Wagens,

weil ihre Hufeisen auf den glatten Granitsteinen keinen Halt fanden.

Gebannt sah ich Tante Martha beim Mittagessen zu. Sie hatte dieses altmodische Besteck mit sehr langen Messern und Gabeln. Ich war fasziniert und besorgt zugleich, dass sie sich mit den riesigen Zinken ihrer Gabel im Mund verletzen könnte.
In den 30er Jahren arbeitete Tante Martha am Gericht. Eine ihrer Kolleginnen war Hilde Benjamin, die spätere berüchtigte Vizepräsidentin des Obersten Gerichtes der DDR, die insbesondere auch Schauprozesse gegen Anhänger der Zeugen Jehovas führte. Unter der Verfolgung der Zeugen Jehovas hatte später auch Marthas Schwester, meine Oma Klara zu leiden. Nach der Machtergreifung der Nationalsozialisten verließ Tante Martha ihre Stelle beim Gericht und arbeitete bei der Firma Karstadt in West-Berlin angestellt. Als sie später in Rente war, bekam sie die Rente von Karstadt in Westmark, die Auszahlung in Ost-Berlin erfolgte jedoch in Ostmark. Die Devisengewinne aus den Zahlungen der Bundesrepublik für die Rentnerinnen und Rentner in der DDR waren eine wichtige Einkommensquelle des Staates.

Gestorben ist Tante Martha Anfang der 80er Jahre. Als es um die Aufteilung ihres Besitzes ging, hoffte ich, dass wir ihr Klavier bekommen würden. Ich hatte bei meinem Besuchen bei ihr öfter darauf geklimpert und hätte gerne richtig spielen gelernt. Ich fragte meine Eltern. Sie wollten das Klavier nicht, weil bei uns in der Wohnung kein Platz dafür wäre. Stattdessen standen ja bei uns zu Hause überall Gerümpel und alte Radios und Fernseher herum. Es war nicht möglich meine Eltern davon zu überzeugen, etwas von dem Kram wegzutun. Der Bruder meiner Mutter war schlauer. Seine Familie nahm das Klavier gerne und verkaufte es anschließend. Wir hatten nichts, weil meinen Eltern ihr Gerümpel wichtiger war. Ich war enttäuscht und wütend.

In der Schule

Ich war von der ersten bis zur zehnten Klasse in der Schule in der Greifenhagener Straße. Heute ist diese Schule eine Grundschule, damals war sie eine DDR-typsiche Polytechnische Oberschule. Einige meiner Kumpels sind von Anfang an mit mir zehn Jahre in dieselbe Klasse gegangen, andere kamen später dazu.

In der ersten oder zweiten Klasse habe ich Klassenkeile bekommen. Ich weiß nicht mehr warum und ob ich meine Mitschüler geärgert habe, aber es hatte in der Schule angefangen und meine Mitschüler haben mich von der Schule an verfolgt. Ich bin von der Greifenhagener bis in die Bucholzer Straße gerannt. Dort gab es ein kleines Geschäft, vor dem mich die anderen einholten. Sie rissen mir meinen braunen Lederschulranzen vom Rücken. Ich weiß nicht mehr, ob ich verprügelt wurde und ob ich meinen Schulranzen wiederbekommen habe, aber am nächsten Schultag war alles wieder in Ordnung und ich habe nie wieder Klassenkeile bekommen. In meinen ersten Schuljahren bewertete meine Klassenlehrerin mich als *„Es ist ihm ziemlich gleichgültig, wem er sich anschließt*“ und *„Cliewe ordnet sich unauffällig in das Klassenkollektiv ein.*“

Ich war ein guter Schüler und hatte nie Ärger wegen meiner Noten („Cliewe erhielt drei Lobe!“). Wegen meiner Leidenschaft für Skateboards aber schon: Ich erinnere mich, wie ich Ende der 70er Jahre im Fernsehen einen Bericht über eine Skateboard-Anlage in den USA gesehen habe. Ich war ganz aufgeregt und konnte abends überhaupt nicht einschlafen. So ein Skateboard wollte ich auch haben. Natürlich konnte man nirgendwo in Ost-Berlin ein solches Skateboard kaufen. In meiner jugendlichen Naivität – ich war vielleicht 12 oder 13 – kam mir die Idee, in der Amerikanischen Botschaft nachzufragen, wo ich ein Skateboard bekommen könnte. Vielleicht würde die Botschaft mir eines besorgen können und wenn nicht, dann bekäme ich dort sicher zumindest ein Poster von einem Skateboardfahrer. Damals gab es in Mitte in der Dorotheenstraße Ecke Neustädtische Kirchstraße vor der US Botschaft noch keine Absperrungen. Ich ging einfach hinein. Leider bekam ich dort kein Skateboard und auch kein Poster. Als ich wieder draußen auf der Straße stand, kam aus dem grauen Haus neben dem Parkplatz schräg gegenüber der Botschaft ein Uniformierter und nahm mich mit zum Verhör.
"Wie kannst du in die Höhle des imperialistischen Klassenfeindes gehen?" herrschte er mich an. Ich hatte gerade „Staatsfeindliche Verbindungen“ auf-

genommen und somit gegen § 100 des Strafgesetzbuches der DDR verstoßen. "Ich wollte doch nur ein Plakat von jemandem, der Skateboard fährt“, antwortete ich. Der Mann ließ mich schnell wieder gehen. Gewundert habe ich mich nur, als mich ein paar Tage später meine Klassenlehrerin Frau Lehmann bat, in der Klasse zu erzählen, was ich in der Botschaft der Vereinigten Staaten in Mitte gemacht habe. Offensichtlich wurde die Schulleitung über meinen Ausflug zum 'imperialistischen Klassenfeind' informiert.
Bei einem Ausflug nach Szczecin mit meiner Mutter und meinen Geschwistern, konnte ich mir endlich das heiß ersehnte Skateboard kaufen. Polen war wie ein Fenster zur westlichen Welt. Auf dem Markt in Szczecin oder in Slubice gab es nicht nur Skateboards, sondern auch Lederjacken, Marlboro Zigaretten, Aufnäher und Wimpel von westdeutschen Fußballvereinen. Ich tauschte dort DDR-Mark gegen Zloty, um westdeutsche Produkte zu kaufen. Ich kaufte mir Wimpel von Schalke 04 und Bayern München und eine USA-Flagge als Aufnäher für meine Jacke. Obwohl ich weder Fan von Schalke noch Bayern war, waren mir diese Wimpel so kostbar, dass ich sie nicht einmal aus der Folie herausnahm, sondern noch eingepackt über mein Bett hing.
Mit meinem Skateboard bin ich manchmal auf meinem Klappfahrrad zum Trümmerberg des Volkspark Prenzlauer Berg gefahren. Dort war der Weg geteert, eignete sich also besser zum Fahren als das Kopfsteinpflaster bei uns in der Stargarder Straße oder die Granitsteine auf den Gehwegen.

Am liebsten trainierte ich mit dem neuen Skateboard an den Wasserkaskaden unter dem Fernsehturm am Alexanderplatz, wo sich auch heute noch die Skater treffen. Ich traf dort auf andere Skateboardfahrer und wir versuchten die Treppen herunterzufahren und andere kleine Kunststückchen. Wir waren keine feste Clique, eher eine lose Gruppe, die sich immer wieder dort traf. Einer der Skateboarder hieß Maria. Er war immer richtig gut gekleidet. „Du bist aus dem Westen, oder?“, sprach ich ihn eines Tages an. Nein, war er nicht, aber er hatte offensichtlich gute Quellen. Unter dem Fernsehturm trainierten nämlich auch Kinder der Botschafter, die in Pankow untergebracht waren. Diese Kinder waren meistens besser gekleidet als wir, denn sie trugen westliche Kleidung. Genau wie wir genossen sie die entspannte Atmosphäre, die es sonst in Ost-Berlin nicht gab. Im Winter trainierten wir in den Unterführungen am Alexanderplatz.
"Bei uns ist das verboten", herrschte mich eine Rentnerin in der Unterführung an. Ich begriff, dass sie aus West-Berlin kam. Das war unglaublich für mich, dass etwas in der DDR erlaubt sein sollte, während es in Westdeutschland verboten war. Wahrscheinlich lag das nur daran, dass es in der DDR kaum Skateboards gab. Sonst hätte es dazu bestimmt eine Regelung gegeben. Einer der älteren Skateboardfahrer, der regelmäßig mit uns trainierte, zückte eines Tages seinen Ausweis. Er war freiwilliger Helfer der Volkspolizei und verwies einen Jugendlichen des Platzes. Offensichtlich war er abkommandiert, unsere Gruppe im Auge zu behalten. Danach war er natürlich enttarnt und

kam nie wieder. Ich selber bin danach nur noch oberhalb der Wasserkaskaden direkt am Fernsehturm Skateboard gefahren. Meine Skateboardzeit war zu Ende, als ich das abgelegte Moped von meinem älteren Bruder übernahm.

Mit diesem Moped bin ich später nach Pankow zur australischen Botschaft gefahren. Diesmal aber nicht, um ein Poster zu bekommen, sondern um mich über Auswanderungs- und Arbeitsmöglichkeiten in Australien zu informieren. Ich hatte großes Fernweh und eine Karte von Australien hing in meinem Zimmer an der Wand. Ich bekam in der Botschaft Prospekte und Informationsmaterial über Australien. Der Botschaftsmitarbeiter sagte mir, ich bräuchte zum Auswandern einen Beruf und vor allem müsse es mein Heimatstaat zulassen, dass ich ausreise. Damit war das Thema natürlich erledigt, denn mein Heimatstaat ließ es ja nicht einmal zu, dass ich zur Handelsflotte ging. Obwohl auch die australische Botschaft überwacht wurde, wurde ich beim Verlassen dieses Mal nicht mitgenommen und verhört. Unbewusst war ich durch ein Loch in der Überwachung geschlüpft und konnte schwer bepackt mit Prospekten und Karten von Australien unbehelligt wieder auf mein Moped steigen und nach Hause fahren.

In der neunten Klasse mussten wir im Geschichtsunterricht einen Aufsatz schreiben: "Warum die Mauer gebaut werden musste!" Eine Anregung der Lehrerin zu dem Thema war, "als die Mauer gebaut war, da konnte ich endlich in Ruhe zum Frisör, weil die ganzen Westler nicht mehr da waren."

Meine Überlegungen gingen etwas weiter. Ich schrieb, warum die Mauer gebaut werden musste, begründete das mit den Westberliner Sabotageakten in Ostberliner Betrieben, so wie ich es gelernt hatte. Da ich aber nie mitbekommen hatte, dass es irgendwelche Sabotageakte von der Westseite gab, endete ich meinen Aufsatz mit der Feststellung, dass die Mauer in der heutigen Zeit nicht mehr notwendig wäre.
Einige Tage nach der Abgabe des Aufsatzes wurde ich während des Unterrichts zur Direktorin gerufen. Sie war eine strenge Frau. Man munkelte, ihr Mann wäre bei der Stasi. Ob sie es auch war, weiß ich nicht. Jedenfalls hatte sie meinen Aufsatz in der Hand und stellte mir Fragen, um meine sozialistische Geisteshaltung zu überprüfen. Sie war bestens über mich informiert und rezitierte sogar meine Großmutter aus Westdeutschland "Handwerk hat goldenen Boden". Ich habe das Gespräch nicht als besonders "schlimm" in Erinnerung, aber gewundert habe ich mich. Wieso wusste sie von meiner Großmutter im Westen und wieso hatte die Geschichtslehrerin ihr meinen Aufsatz gegeben? Ich war enttäuscht, aber offensichtlich überzeugend unschuldig, denn sie fand nichts Besonderes und schickte mich zurück in die Klasse. Zum Abschluss des Schuljahres wurde meine Einstellung von der Klassenlehrerin so bewertet: *„Cliewe ..[muss]... sein Verhalten selbstkritisch einschätzen und innerhalb des Kollektivs offene Kritik üben.*"
Die Geisteshaltung unserer Lehrerinnen und Lehrer war auf jeden Fall im Sinne des Staates. Und das nicht nur, weil mein Aufsatz zur Direktorin gelangt war. Zu den Planungen für die 750 Jahr-

feier Berlins im Jahr 1987 sagte eine Lehrerin "Wir werden nicht mit den Kapitalisten zusammen feiern." Die Frage, warum eigentlich nicht, blieb unbeantwortet.

Während meiner Schulzeit wurde das Fach 'militärische Bildung' eingeführt. Einmal im Monat kam ein Mann von der NVA. Wir bombardierten ihn mit Fragen:
"Wenn die Russen uns verlassen, werden dann die Atombomben auf die DDR gerichtet?"
"Warum richten sich die Zäune an der innerdeutschen Grenze in Richtung DDR und nicht nach Westdeutschland?"
"Was ist mit Solidarnosz?"
Auf alle diese Fragen gab es nur ausweichende Antworten, die mich nur wenig beeindruckten und zeigten, dass „offene Kritik“ überhaupt nicht gefragt war und schlichtweg ignoriert wurde.

Noch im Juni 1989 hat Margot Honecker eine flammende Rede im Palast der Republik gehalten, in der es darum ging, dass die Lehrer die richtige, vom Staat vorgegebene Ideologie vermitteln sollten. In meiner Schulzeit taten sie das auf jeden Fall. Unsere Schule in der Greifenhagener Straße lag parallel zur Schönhauser Allee. Das war eine so genannte Protokollstrecke, auf der die ausländischen Staatsgäste von Mitte zum Gästehaus Schloss Schönhausen gefahren wurden. Wenn Staatsgäste auf der Schönhauser Allee erwartet wurden, wurde der Unterricht unterbrochen und wir gingen von der Schule mit den Lehrern zur Schönhauser Allee. Die Polizei spannte zwischen den

Straßenlaternen ein Seil als Absperrung. Dahinter standen wir und jubelten planmäßig den schwarzen Staatslimousinen zu. Wie alle meine Klassenkameraden war ich seit meiner Einschulung ein Jungpionier. Der 8. Mai (Befreiung vom Faschismus) bzw. 7. Oktober (Gründung der DDR) waren besondere „Jubeltage“ für die Jungpioniere. Hinter der Gethsemanekirche war ein Treffpunkt, an dem wir uns sammelten. Wir standen dort in weißen Hemden und blauen Halstüchern und fuhren von dort zur Karl-Marx-Allee, zur Panzer-Parade. Wie absurd, Grundschülern das Militärarsenal des Staates vorzuführen. Mein Freund Branndorst hat auf so einer 8. Mai Parade einmal Erich Honecker einen Strauch mit Frühjahrsblühern überreicht. „Bei Pioniereinsätzen ist er stets einsatzbereit“, schrieb die Klassenlehrerin am Ende der 7. Klasse über mich.

Nach der Jungpionierzeit wurde ich Thälmann Pionier und bekam das rote Halstuch. Ab der 8. Klasse war ich dann in der FDJ und bekam das blaue Hemd. Ich hoffte, dass ich eines der seltenen Baumwollhemden bekommen würde, denn die Polyesterhemden waren alles andere als atmungsaktiv. Die Vereidigung war am "Denkmal für den gemeinsamen Kampf des polnischen Soldaten und des deutschen Antifaschisten" im Volkspark Friedrichshain. Wie nicht anders zu erwarten, bekam ich leider nur ein Polyesterhemd.
Meine Jugendweihe wurde im Kino Babylon am Rosa-Luxemburg-Platz gefeiert. Im Anzug bzw. Abendkleid standen wir mehr oder weniger steif und aufgeregt herum und wurden in Gruppen auf-

gerufen. Der Vater von Panzeck hat fotografiert und ist den ganzen Nachmittag mit einem Lichtmesser durch den Saal gelaufen. Wir schwörten gemeinsam, dass wir den Sozialismus nicht verraten würden und die Feinde der Arbeiterklasse bekämpfen würden. Während der Nachmittag eine steife Feier mit sozialistischem Schwur war, ging abends auf der Party in der Dimitroff-Straße (Danziger Straße) die Post ab. Da waren ja auch die Eltern und Offiziellen nicht dabei. Am Ende des Schuljahres gehörte ich „...zu den FDJ-lern der Klasse die sich aktiv für eine interessante FDJ-Arbeit einsetzen". Ich weiß nicht, für was ich mich aktiv eingesetzt habe. Meine Kumpels und ich haben immer zugesehen, dass wir nach Schulschluss möglichst weit weg waren von der Schule und unser eigenes Ding gemacht haben. Eine Ausnahme war ein Ferieneinsatz in den Sommerferien 1980 in der Schule. Die Ferienarbeit wurde bezahlt, wie ein Hilfsarbeiterjob. Gemeinsam mit Schmecken und Müller wurde ich dem Hausmeister zugeteilt. Wir nannten ihn untereinander immer „Gerd", hätten aber nie gewagt, ihn so anzureden, denn Gerd war ein Riese und konnte sehr jähzornig und laut sein. Eines Tages erteilte Gerd uns den Auftrag einen Schrank, der gerade neu angeliefert worden war, in einen anderen Raum zu transportieren. Wir hoben den Schrank so ungeschickt an, dass eine der Spanplatten Seitenwände zerbrach. Gerd tobte und fluchte. Hauptsächlich haben wir in dem Sommer Wände in der Schule weiß gestrichen. Da die Farbe nicht wasserlöslich war, bin ich in einem unbeobachteten Moment nach draußen gegangen und habe mit dem Pinsel an die Außenwand der Schule „BFC“ geschrieben. Die drei Buchstaben sind dort heute immer noch zu lesen. BFC war mein Lieblingsverein. Mit Schmecken stand ich bei vielen Heimspielen im Fanblock, gegenüber der großen Tribüne und grölte und jubelte, wenn BFC wieder einmal gewann. Schmecken schaffte es sogar zu einem Spiel einen Stapel Kassenrollen ins Stadion zu schmuggeln, mit denen wir während des Spiels warfen und das Papier abrollten. Aber auch beim grölen musste man aufpassen. Der Einpeitscher, der mit dem Rücken zum Spielfeld stand und die Fangesänge dirigierte, wurde bei einem Spiel plötzlich abgeführt. Besonders heiß ging es her nach einem Spiel gegen den 1. FC Magdeburg. Wir jagten die Magdeburger Fans, die in Richtung S-Bahnhof Schönhauser Allee flüchteten. Vor dem damaligen Wiener Café in der Schönhauser Allee, zwischen Buchholzer und Stargarder Straße drängten wir die Magdeburger Fans in die Enge. Plötzlich zog einer der Magedburger ein Messer, woraufhin wir uns verdünnisierten und sie in Richtung S-Bahnhof ziehen ließen. Spannender waren natürlich die internationalen Spiele von BFC im Europapokal der Landesmeister. Seltsamer Weise war es dann für Fans nur schwer möglich, Karten zu bekommen. Plötzlich saßen lauter Funktionäre und Unternehmensvertreter auf den Rängen. Beim Pokalspiel gegen den FC Zürich Anfang der 1980er Jahre gelang es mir, eine Karte zu bekommen. Bei dem Spiel sah das Stadion ganz anders aus als sonst, denn es prangten Werbeschilder an der Umrandung. Als kurze Zeit später Aston Villa anreiste, musste ich draußen bleiben.

Nach dem Ende meiner Schulzeit, im Sommer 1982 war auch meine Fußballzeit zu Ende. Dann kamen die Sommer, in denen ich mit meinen Kumpels mit unseren Mopeds und Motorrädern unterwegs war.

Während der Schulzeit war ich Mitglied in verschiedenen Sportvereinen. Ich habe Judo ausprobiert und mit ca. 8/9 Jahren Eisschnelllauf. Ich bekam vom Verein Schlittschuhe – noch keine Eisschnelllaufschlittschuhe, sondern Eishockeyschlittschuhe, auf denen ich trainierte. Ich habe die Schuhe stolz zu Hause gezeigt und sie jeden Tag sorgfältig geputzt und gewienert. In der Eishalle war aber nicht nur das Training aufregend. Außer uns Eisschnelllaufkindern trainierten dort auch die Eiskunstläuferinnen. Eine der Trainerinnen hatte einen schicken Skioverall. Ich fand das faszinierend und habe gespannt zugeschaut, wie sie den Skioverall ausgezogen hat. Dabei habe ich zum ersten Mal weiße Spitzenunterwäsche gesehen. Einmal sind wir während des Trainings gegenüber in das Friesen-Stadion zum Schwimmen gegangen. Dort hat mich der Trainer zur Strafe unter Wasser gedrückt, weil ich trotz Verboten vom Beckenrand ins Wasser gesprungen bin.

Leider war das Eisschnelllauftraining nicht immer so abwechslungsreich. Zum großen Teil bestand es aus Trockentraining. Das hieß Laufen auf der 400-Meter-Bahn. Mehr als 8 Runden habe ich nie geschafft. Ich hatte immer wieder Seitenstechen und von den anderen, die noch weiter liefen, habe ich gedacht, sie hätten Rost in den Gelenken, weil

sie so mühsam liefen. Der Trainer hat uns angeherrscht und versucht zum Weitertrainieren zu motivieren
"Das Ziel muss doch die Sportschule sein!" Sportschule?! Ich war glücklich auf meiner Schule in der Greifenhagener Straße. Ich wollte nicht auf eine andere Schule. Danach bin ich aus lauter Angst nicht mehr zum Eishockeytraining gegangen.

Ein Wechsel der Schule war für mich unvorstellbar. Als wir Mitte der 70er Jahre, wir wohnten mit der ganzen Familie, also sechs Personen, noch in einer 2-Zimmer Wohnung, dringend eine größere Wohnung suchten und eine entsprechende Wohnung in der Bötzowstraße angeboten bekamen, habe ich fürchterlich herumgejammert. Die neue Schule wäre direkt nebenan gewesen, ebenso wie der Friedrichshain. Ob mein Widerwillen ausschlaggebend war, dass wir die Wohnung nicht genommen haben, weiß ich nicht. Jedenfalls sind wir noch eine Weile in der Schliemanstraße wohnen geblieben, bis wir letztendlich in die Stargarder Straße umgezogen sind.

Der Schulsport fand meistens in der Turnhalle statt. Die 'Bälle', mit denen die wir im Sportunterricht auf dem Exer[6] geworfen haben, erinnerten stark an Eierhandgranaten. Später wurde auf dem Dachboden der Turnhalle eine Handgranate aus

---

[6] Exer = ehemaliger preußischer Exerzierplatz, heute Sportfläche im Friedrich-Ludwig-Jahn-Sportpark

dem zweiten Weltkrieg gefunden. Wir hatten jahrelang unter einer nicht detonierten Granate Sportunterricht.

Als ich 16 oder 17 war, bin ich zusammen mit meinem Freund Schmecken in den Tennisverein eingetreten. Im Jahn-Sportpark haben wir Tennis gespielt. Nach Einführung der Sommerzeit einmal bei schönem Wetter bis fast 22.00 Uhr am Abend, so hell war es. Es gab zwei Tennisplätze, von denen der eine schon im Grenzgebiet lag, der dementsprechend auch nicht bespielt werden durfte. Dort sproß das Gras aus der roten Asche. Ich wollte mir den Platz einmal näher ansehen, habe es aber aus irgendwelchen Gründen nicht getan. Instinktiv wusste ich, dass es verbotenes Gebiet war.

„Cliewe ist ein politisch stark interessierter FDJ-ler. Mit Fragen der Zeit setzt er sich offen auseinander, es gelingt ihm jedoch nicht immer, klassenmäßig zu werten. Im Klassenkollektiv vertritt er nicht genügend einen positiven Standpunkt.“ Das war die dezente kritische Bewertung in meinem ansonsten sehr guten Abschlusszeugnis der Schule.
Entgegen der Erwartungen der Lehrer und der Direktorin, meldete ich mich nicht an für die Erweiterte Oberschule, sondern ging von der Schule ab, um eine Lehre zu machen. In der australischen Botschaft hatte ich den Hinweis bekommen, dass ich eine Ausbildung bräuchte, um dorthin auswandern zu können. Ich hatte mir daher überlegt, dass ich nach der Schule möglichst schnell eine Ausbil-

dung machen würde, um danach mit 18 Jahren die DDR zu verlassen.

Meine Kumpels

Mein erster Freund war Anton Wolf. Leider zogen die Wolfs weg von Prenzlauer Berg, als Anton und ich in der zweiten Klasse waren. Später, ich war 14, 15, war ich vor allem mit meinen Klassenkameraden Benslow, Schmecken und Branndorst mit unseren Mopeds unterwegs. Branndorst und Panzeck kannte ich seit der 1. Klasse, Schmecken kam im dritten Schuljahr in unsere Klasse, Benslow im Vierten. Eine neue, junge Lehrerin fragte uns, warum wir uns immer beim Nachnamen nannten. Eine befriedigende Antwort darauf gab es wohl nicht. Wir taten das einfach so.

Ebenfalls von der ersten Klasse an, war Scharlof bei mir in der Klasse. Er hatte den Heuhaufen in Schönfließ angezündet, für den ich im Verhör bei der Polizei in Karow saß. Scharlof war mir nicht ganz geheuer. Er gehörte nicht zu meinen besten Freunden, denn er hatte sich körperlich nicht im Griff. Er war leicht gewalttätig. Er hatte eine NVA-Militärtasche, in der an der Unterseite ein Metall-Karabinerhaken eingearbeitet war. In der Schule hat er diese Tasche eines Tages grundlos einem jüngeren Schüler an den Kopf geschlagen und ihm damit eine schwere Augenverletzung zugefügt. Ich weiß noch, wie der Vater des Mitschülers, der Metzger war, daraufhin in die Schule kam, mit blutverschmierter Schürze Scharlof unter den Achselhöhlen packte und ihn langsam drohend die Wand hochschob.

Ein Mitschüler, den ich auch nicht besonders gerne mochte war Holger Paul. Im Grunde war er ganz o.k., aber er war besserwisserisch. Paul und Scharlof gehörten nicht zu unserer Clique, wollten aber gerne mit dabei sein. Also dachten wir uns Tricks aus, um sie abzuschütteln. Ich hatte mir ein neues Uhrzeitsystem ausgedacht. Alle Uhrzeiten wurden spiegelbildlich um 15 Uhr von der Uhr abgelesen. Also war 14 Uhr in Wirklichkeit 16 Uhr und 13 Uhr war 17 Uhr. Klaus Müller, Schmecken und Branndorst waren eingeweiht. Wenn wir uns verabredeten, brauchten wir das nicht mehr heimlich zu tun und waren doch sicher, dass Scharlof und Holger Paul nicht dabei waren.

Als jüngeres Kind ging ich gerne zu meinen Freunden zum Spielen. Ich selber konnte ja niemanden zu mir einladen. Thomas Schmecken: hatte eine Carrerabahn. Im Grunde bestand sein ganzes Kinderzimmer nur aus der Carrerabahn. "Schimpft dein Vater auch immer so über die Kommunisten?", fragte mich Schmecken, während wir spielten.
"Ja, ja", murmelte ich. „Meiner schimpft auch immer über die Kommunisten." Wir waren bestimmt noch keine 10 Jahre alt, als wir dieses Gespräch hatten. Und ich hatte keine Ahnung, was Kommunisten waren.

Zu der Zeit waren vor allem die Hinterhöfe zwischen Lychener Straße, Schliemannstraße und Dunckerstraße unser Spielplatz und Revier gewesen. Manchmal sind wir von Hof zu Hof gezogen. Einmal habe ich mich zu einer Verabredung mit

dem Anführer der Knüppel-Bande, Markus Knüppel, bis in den Hof der Schliemannstraße 1 vorgewagt. Der Knüppel-Bande „gehörte“ der südliche Bereich der Schliemannstraße. Dort saß Markus auf einer kleinen Mauer und schälte mit einem Taschenmesser übertrieben lässig einen Apfel.
"Wir müssen reden“, sagte ich.
"Es gibt nichts zu reden", antwortete er und schnitt sich demonstrativ ein Apfelstück ab. Knüppel wollte nicht nur die Schliemannstraße als Revier haben, sondern auch die Höfe, deshalb sauste ich davon, zurück zu den anderen, damit wir zumindest die Höfe auf unserer Straßenseite behalten könnten.

Als die Kinderzeit und auch meine Skateboardzeit am Fernsehturm langsam zu Ende ging, wollte ich so schnell wie möglich meinen Mopedführerschein machen. An der Ecke Stahlheimer Straße / Husemannplatz haben sich regelmäßig Mopedfahrer getroffen. 15 musste man sein, um den Mopedführerschein zu erwerben. Ich bin dort als 12-,13-,14-Jähriger mit meinem Klappfahrrad entlang gefahren und habe sehnsüchtig auf die Mopeds geschaut. Auf dem Platz trafen sich auch immer wieder ältere Männer. Sie saßen um die Betontische herum und spielten Karten oder Schach. Einmal sah ich Geldscheine auf dem Tisch liegen. Das Geldspiel wurde offensichtlich bald unterbunden, denn einige Wochen später sah ich an der gleichen Stelle die Männer wieder beim Schach sitzen.

Als ich endlich 15 war, wollte ich mit Schmecken zusammen den Mopedführerschein machen. Ich hatte bereits für uns beide einen Termin bei einer Fahrschule in Weißensee organisiert, daraus wurde aber nichts, weil Schmecken keine Zeit hatte. Mein Bruder Karsten hatte ein Moped, das bei uns ungenutzt im Hof stand, seit Karsten inzwischen von zu Hause ausgezogen war. Er war in Halle, auf einer Schule für besonders begabte Kinder und machte dort sein Abitur. Nun war ich ungeduldig, endlich das Moped von ihm zu übernehmen. Das Moped war eine 50 Kubikzentimeter Simson, die ich ohne Führerschein aus dem Hof holte. Das war eine recht mühselige Angelegenheit, denn der Hausflur lag drei Treppenstufen höher als der Hof und die Straße. Ich musste zunächst die Türen zum Hof arretieren, dann ein Brett über die Stufen legen und das Moped in den Flur schieben und dann die Türen wieder schließen, das Brett zur vorderen Tür tragen und dort auf die Stufen legen, die Haustür aufstellen und konnte dann das Moped auf die Straße schieben. Leider war bei dem Moped die Zündung verstellt, so dass es manchmal nicht ansprang. Dann schob ich das Moped an, um es zum Laufen zu bringen. Ich habe mit viel Elan an der Zündung herumgebastelt, aber immer wieder ist mir die Maschine abgesoffen. Schließlich wagte ich eine Probefahrt nach Mitte. Auf der Ecke Breite Straße / Mühlendamm bin ich mit dem Moped liegen geblieben. Mühsam schob ich das Moped auf eine Mittelinsel. Ein Verkehrspolizist in weißer Uniform kam auf mich zu:
"Zulassungspapiere und Führerschein!"

"Zulassungspapiere habe ich, aber zum Führerschein habe ich mich gerade erst angemeldet."
"Dann kommen Sie mal mit." Ich weiß gar nicht mehr, was dann genau passiert ist und wie ich mit dem Moped nach Hause gekommen bin, aber ein paar Tage später erhielt ich eine Vorladung auf eine Polizeidienststelle in der Metzer Straße. Ein ziemlich streng wirkender Beamter begann sich mit mir zu unterhalten. Plötzlich betrat ein anderer Beamter den Raum und schickte seinen Kollegen weg: "Den Fall übernehme ich."
"Ich habe mich in Grünau für den Motorradführerschein angemeldet“, sagte ich kleinlaut. Ohne Führerschein fahren und erwischt werden hätte auch bedeuten können, dass ich überhaupt keinen Führerschein mehr hätte machen dürfen. Aber ich kam glimpflich davon. Ich musste nur eine Geldstrafe zahlen.

Ein paar Monate später habe ich bei der Fahrschule in Grünau mit dem Motorradführerschein begonnen.
"Wer ist noch nicht Motorrad gefahren?" fragte der Fahrlehrer in der ersten Fahrschulstunde. Diejenigen, die das bejahten, mussten erst einmal das Motorrad über einen Parcours schieben. Ich gehörte zu denen, die gleich aufsitzen und fahren durften.
An meinem 16. Geburtstag habe ich dann endlich den Führerschein bekommen. Aber es war ein falscher Stempel drin! Der Stempel sagte nämlich, dass ich Moped fahren dürfe, dabei hatte ich doch extra den Motorradführerschein gemacht. Ich habe alle notwendigen Papiere zusammengekramt und

bin sofort zur Verkehrszulassungsstelle gefahren. Dort habe ich den richtigen Stempel bekommen und hatte es doch noch geschafft, an meinem 16. Geburtstag den Motorradführerschein in den Händen zu halten.

Glücklicherweise ist mir sowohl mit dem Moped als auch später mit dem Motorrad nie etwas passiert. Ich bin einmal mit dem Moped in Pankow in die Straßenbahnschienen gerutscht und es gab einen heftigen Funkenschlag. Ebenso glimpflich überstand ich einen Sturz auf der Ecke Lychener Straße / Raumerstraße, als ich auf dem nassen Kopfsteinpflaster ausrutschte.
Ganz anders erging es da meinem Kumpel Panzeck, der zwar eine 150 Kubikzentimeter MZ hatte, aber keinen Führerschein besaß. Das Motorrad war im Vergleich zu unseren kleinen 50 Kubikzentimeter Simsons riesig und schwer. Bei einem Ausflug zum Grundstück der Eltern meines Mitschülers Eichner fuhr ich die Maschine, da ich einen Motorradführerschein hatte und Panzeck saß hinten auf. Eichner, der auch keinen Führerschein hatte, fuhr mein Moped. In der Nähe des Grundstücks seiner Eltern gab es in einem Wald einen sumpfigen See. In der Nähe des Sees wollte Panzeck endlich auch einmal seine eigene Maschine fahren. Er legte den ersten Gang ein und fuhr los, geradewegs auf den See zu. Wir standen da wie versteinert und beobachteten, wie er immer weiter geradeaus fuhr. Im letzten Moment riss er mit voller Wucht die Maschine herum und kippte um. Weder Panzeck noch der Maschine ist etwas passiert. Warum er nicht bremste, war mir unklar;

die Maschine hätten wir nie aus dem sumpfigen See herausbekommen. Mein eigenes Moped wurde bei dem Ausflug leicht beschädigt. Eichner war mit meinem Moped auf dem Waldweg herumgefahren und gegen die Betonpfeiler gefahren, die die Einfahrt des Grundstücks seiner Eltern begrenzten. Ärgerlich! Die Teleskopstangen waren dadurch verbogen.

Ein paar Mal bin ich mit meinen Kumpels in den Frühjahrsferien Zelten gefahren. Das erste Mal war ich 13, da waren wir noch mit dem Fahrrad unterwegs. Wir verabredeten uns an der Kaufhalle an der Stargarder Straße, um Vorräte zu kaufen. Wir haben so viele Dosen Leberwurst gekauft, als ob wir wochenlang weg sein würden. Von einem Mitschüler, der begeisterter Angler war, bekamen wir den Tipp, uns selbst unser Abendessen zu angeln. Wir gingen zum Eisenwarenhändler gegenüber der Gethsemanekirche und kaufen Sehne und Pose. Branndorst hatte eine schriftliche Bestätigung von seiner Mutter, dass er mit uns Zelten durfte. Er meinte, ich bräuchte auch eine solche Erlaubnis, aber ich ließ mir das von meiner Mutter nicht bestätigen. Wir fuhren mit unseren Fahrrädern zum Liepnitzsee, wo wir zuerst einmal baden gingen. Mitten im Wald hatten wir unsere Zelte aufgebaut. Wir brachen einen dünnen Ast von einem Baum und befestigten die Sehne und Pose und bauten uns so eine Angel. Abseits des Ufers haben wir uns ein Lagerfeuer gemacht und unser Essen zubereitet. Holger Paul stieg zum Spaß auf einen Baum, der dann aber so unglücklich nachgab, dass Paul plötzlich über dem Lagerfeuer hing. Um

ihn aus seiner misslichen Lage zu befreien, haben wir ihn angeschubst, so dass der Ast des Baumes sich zur anderen Seite bog und er unversehrt von dem Baum wieder herunter kam.
Als es dann dunkel wurde, erzählten wir uns gruselige Geschichten. Benslow erzählte: "Ein paar Jungs liegen im Zelt im Wald und zwei Männer kommen mit Spaten und schlagen so lange auf das Zelt ein, bis sich keiner mehr bewegt. Dann ziehen sie das Zelt mit den leblosen Körpern in den See." Warum musste er diese Geschichte ausgerechnet dort erzählen? Ich lag im Zelt und lauschte auf jedes Geräusch und habe ziemlich schlecht geschlafen in dieser Nacht.

In einem zweiten Urlaub mit meinen Kumpels waren wir wieder mit den Zelten unterwegs und campten wild im Wald. Zum ersten Mal war auch meine Freundin mit dabei. Diesmal hatten wir Pech, denn ein bewaffneter Förster überraschte uns abends. Er befahl uns, unsere Zelte abzubrechen und zu verschwinden. Das taten wir auch und zwar ziemlich zügig. Allerdings sind wir nur ein Stück weitergefahren und haben dort im Dunkeln unsere Zelte wieder aufgebaut. Um nicht gehört zu werden, habe ich die Heringe ganz leise, ohne Hammer in den Boden gedrückt. Am nächsten Morgen haben wir gesehen, dass wir direkt neben einem offenen Feld gezeltet hatten. Immerhin, der Förster hat uns nicht wieder erwischt.

Später haben wir mit unseren Mopeds und Motorrädern längere Ausflüge gemacht. Mit der Clique von Schmeckens großem Bruder haben wir uns am Scharmützelsee getroffen. Wir saßen mit den Großen im Zelt und rauchten und tranken und warfen die Kippen und leeren Dosen nach draußen. Die anderen Zeltplatzbesucher müssen sich wohl über uns beschwert haben, denn bald darauf kam der Platzwart und forderte uns auf, den Zeltplatz zu verlassen. "Los, du musst mit ihm verhandeln“, schickte mich Branndorst zum Platzwart. Ich ging, aber da war nichts mehr zu machen. Er bestand auf unserer Abreise. Ich konnte ihm das nicht einmal verübeln. Wir packten unsere Sachen und fuhren weiter.

Ein besonderes Ereignis für uns war ein internationales Motorradtreffen Anfang der 80er Jahre in der Nähe von Prag. Es gab ein riesiges Camp mit Motorradfahrern und ihren Maschinen aus ganz Europa. Endlich konnten wir all diese Motorräder ansehen, die wir nur von Quartett-Kartenspielen kannten: BMW, Kawasaki, Honda, etc. Wir haben uns zum Spaß auf einige Motorräder gesetzt und uns gegenseitig fotografiert. Als ich auf meiner Flucht verhaftet wurde, hatte ich einige dieser Fotos bei mir. In einer Vernehmung wurde ich gefragt, ob das Motorräder von Bekannten aus dem Westen wären, denn auf einem der Bilder war ein Hamburger Nummernschild zu erkennen. Ich glaube nicht, dass mir die Verhörer meine Geschichte geglaubt haben und frage mich, ob der völlig unbeteiligte Halter des Motorrades aus Hamburg plötzlich von der Stasi überprüft und beobachtet wurde.

Vom Motorradcamp aus haben wir einen Ausflug nach Prag unternommen und uns die Stadt angesehen. Auf dem Rückweg von Prag zum Camp hat es heftig geregnet. Plötzlich sprang die Maschine von Panzeck nicht mehr an. Gemeinsam fummelten wir an der Maschine herum und versuchten sie wieder flott zu kriegen. Es war schon dunkel, als ein Taxifahrer anhielt. Er hatte Werkzeug dabei und half uns den Vergaser auseinanderzunehmen. Es war Wasser in den Vergaser gelaufen und es hatte sich eine Wasserblase gebildet. Mit der Hilfe des Taxifahrers brachten wir die Maschine wieder zum Laufen.

Ich war mit meinen Kumpels aber nicht nur im Urlaub unterwegs. Manchmal arbeiteten wir gemeinsam am Wochenende bei Verwandten oder Bekannten. Der Onkel von Schmecken hatte ein Haus in Pankow in der Nähe einer der Botschaften. Müller, Schmecken, Branndorst und ich halfen dort am Wochenende, den Keller zu isolieren. Dazu mussten wir mit Spaten einen Graben um das Haus herum ausheben, um die Kellerwände freizulegen. Besonders Müller hat fleißig gegraben und geschippt. In den Pausen sind wir in den Keller gegangen und haben uns an den Getränken und Limonaden bedient, die dort standen. Branndorst hat wie immer irgendwelche Witze gemacht und mich zum Lachen gebracht. Wir müssen so herumgealbert haben, dass der Onkel Branndorst nach Hause geschickt hat, weil er insbesondere meine Arbeitsmoral untergrabe. Nach der Arbeit hat uns Schmeckens Onkel zum Buchholzer See zum Baden gefahren. Wir haben für unsere Hilfe

100 Mark pro Tag bekommen. 100 Mark! – ich habe als Lehrling 185 Mark im Monat verdient.

Meine erste Freundin habe ich vor dem Eiscafe in der Wichertstraße kennen gelernt. Sie kam mit ihrer Freundin und einem Tennisschläger unter dem Arm aus dem Café. Sie hatte wunderschöne schwarze Haare und hat mir unheimlich gut gefallen. Ich hatte sie vorher schon auf dem Tennisplatz am Jahn-Sportpark gesehen und sie jetzt endlich angesprochen. Ich war sehr verliebt in sie. "Wenn ich in der Schule bin, im Unterricht, denke ich an dich", habe ich ihr einmal gesagt und das auch so gemeint. Trotzdem: eines Tages habe ich mit ihr Schluss gemacht. Einfach so. Beim eng umschlungenen Tanzen im Franz Club. Sie hat nichts gesagt. Der Bruder von Schmecken hat mich am nächsten Tag beim Tennis gefragt, ob irgendetwas los wäre, aber das war es nicht. Wir hatten keinen Streit. Ich habe die Beziehung einfach beendet.

Meinen letzten Urlaub mit dem Moped und meinen Kumpels machte ich mit Benslow. Wir besuchten seine Großeltern in Schwerin und fuhren gemeinsam nach Usedom und Rügen. Ich habe gegenüber Benslow mit keinem Wort meine geplante Flucht erwähnt. Und als ich nach Hause kam, legte ich meiner Mutter jenen Zettel hin, auf dem stand, dass ich noch einmal wegfahren würde.

Meine Klempnerlehre

Seit ich mit 14 Jahren die Ablehnung für die Handelsflotte bekommen hatte, war für mich klar, dass ich die DDR verlassen würde, sobald ich eine Ausbildung hätte. Obwohl ich in der Schule gute Noten hatte, wollte ich nicht aufs Gymnasium gehen. Ich bewarb mich für eine Schülertätigkeit während der Ferien bei einem Klempnerbetrieb. Die Schülertätigkeit wurde im Vergleich zur Lehre sehr gut bezahlt. Ich verdiente so viel wie ein Hilfsarbeiter. Das war auch der Grund, warum einige meiner Mitschüler überhaupt keine Lehre machten, sondern Hilfsarbeiter wurden.
Nach den drei Wochen hängte ich meinen Blaumann an den Nagel und träumte davon, ihn nie mehr anziehen zu müssen. Ich wollte keine Klempnerlehre machen, ich wusste, es würde mir nicht gefallen und ich wusste auch, dass es schwer werden würde, zwei Jahre Lehre durchzuhalten. Darum wollte ich es noch einmal mit der DDR versuchen. Ich zeichnete leidenschaftlich gern und interessierte mich für Kunst und Kunstgeschichte. Meine Idee war, an die Kunsthochschule Weißensee zu gehen und vorher am Abendgymnasium Abitur zu machen. Ich verabredete ein Beratungsgespräch.
"Wenn Sie das Abitur nachholen wollen, wollen Sie etwas vom Staat, dann will der Staat auch etwas von Ihnen“, sagte die Beraterin.
"Was denn?"
"Sie müssen drei Jahre zur NVA gehen."

Mein Traum von der Kunsthochschule platzte schlagartig. Drei Jahre NVA, damit ich Abitur machen kann? Das passte nicht zu meinem Gerechtigkeitsgefühl. Das passte zur DDR und die hatte es sich gerade wieder gründlich mit mir verdorben. Diesen Staat wollte ich nicht unterstützen. Ich wollte den Staat bestrafen. Ich wollte meine Fähigkeiten dem Staat nicht zur Verfügung stellen. Aus Protest bewarb ich mich trotz guter Noten als Klempnerlehrling und fing im Herbst 1982 in dem Betrieb in der Brunnenstraße 152 an, bei dem ich auch die Schülertätigkeit gemacht hatte.
Im Grunde bestrafte ich mit dieser Aktion weniger den Staat als mich selber, aber ich habe die Lehre durchgehalten und sie hat mir nach meinem Freikauf den Einstieg in das Leben in Westdeutschland erleichtert.
Die Klemperfirma lag in einem Hinterhof in der Brunnenstraße in Mitte. Dort gab es eine Werkstatt und ein Sekretariat. Auf dem Geländer dahinter war das Materiallager: Rohre, Fittings, eben alles, was ein Klempnerbetrieb benötigte.
Auf einer Baustelle in Mitte, arbeiteten wir in einem der großen Behördenbauten. Im Innenhof des Gebäudes gab es eine repräsentative Wendeltreppe. Wir luden das benötigte Material ab und legten es vor dem Haus auf den Gehweg. Damit die Rohre nicht wegrollten, schlug ich kleine Metallpfosten in die Fugen zwischen den Gehwegsteinen.
"Das ist eine Protokollstrecke“, brüllte mich der Geselle Harry an und gab mir zu verstehen, dass die allgemein übliche Vorgehensweise hier nicht erwünscht war.

Im Gebäude, in einem der Büros in der Markgrafenstraße, stand ein Adidas-Turnschuh auf dem Schreibtisch. "Ich wäre froh, wenn ich nur eure Sorgen hätte", sagte der Mitarbeiter, der hinter dem Schreibtisch saß. Ich habe keine Ahnung, was er damit meinte, aber der Adidas-Turnschuh ist mir im Gedächtnis geblieben.
Viele Jahre später habe ich wieder in der Markgrafenstraße gearbeitet, nur diesmal in West-Berlin, bei der Senatsverwaltung für Stadtentwicklung. Ich bin nicht nur einer der Menschen, die auf beiden Seiten der Mauer in Berlin gelebt haben, sondern ich habe auch in der gleichen Straße zu Mauerzeiten sowohl in Ost als auch im Westteil Berlins gearbeitet.
Am Nachmittag schickte mich mein Kollege in den glasüberdachten dunklen Innenhof des Gebäudes. Er gab mir einen Eimer mit Schrauben, Nägeln, Dübeln, Muttern, etc. und sagte:
"Wenn du das auseinandersortiert hast, dann ist Feierabend." Ich konnte diesen Kerl nicht leiden. Ich war der Lehrling und damit der Niedrigste in der Hierarchie der Firma und das ließ er auch gerne an mir aus.
Als Lehrling war es auch meine Aufgabe, jeden Morgen im Winter den Bauwagen auf der Baustelle vorzuheizen. Einmal bekam ich den Stecker nicht in die Steckdose, weil sie vom Mörtel der Maurer verkrustet war. Man bekommt ja schon als Kind erklärt, dass man nicht mit Gegenständen in der Steckdose herumbohrt. Ich tat es trotzdem und bekam einen ordentlichen Schlag. Meine Kollegen brachten mich in die Charité. Während ich auf dem Flur auf mein EKG wartete, wurde eine Frau auf

einem Krankenbett angeliefert, die zusammengeschlagen worden war und danach eine Weile allein in ihrer Wohnung gelegen hatte. Sie sah fürchterlich aus. Ich war froh, als ich zum EKG gerufen wurde, das glücklicherweise völlig in Ordnung war.

"Lehrjahre sind keine Herrenjahre", war ein Spruch, der mir für meine Lehre mit auf den Weg gegeben worden war. Er stimmte. Die Lehre war sehr schwer für mich. Nicht nur, dass Gas- und Wasserinstallateur absolut nicht mein Berufswunsch war, sondern nur aus der Not heraus geboren war, möglichst schnell einen Beruf zu lernen und dann in den Westen abzuhauen, sondern auch die Kollegen machten mir das Leben nicht leicht. Ich fand sie derb, ungehobelt und "prollig". Als ich einmal in der Pause im Bauwagen den Kopf an die Plastikscheibe gelehnt hatte und vor mich hin döste, kam mein Kollege und schlug mit voller Wucht gegen die Scheibe, so dass mein Kopf in die andere Richtung flog. Ich sollte zwei Eimer Wasser holen, damit er seinen Wagen waschen konnte. Ich habe nichts gesagt und wortlos das Wasser geholt. Ich fand das einfach extrem unhöflich. Als Lehrling musste ich auch für meine Kollegen Zigaretten holen gehen. Ich erinnere mich, wie ich die riesige Baustelle am Platz der Akademie[7] überquerte. Die beiden Dome und das Schauspielhaus lagen nach fast 40 Jahren noch immer in den Trümmern des Krieges, nur das Schauspielhaus wurde seit einigen Jahren wieder renoviert.

---

[7] Der heutige Gendarmenmarkt

Ein Kollege ist jeden Abend in eine Kneipe in der Hannoverschen Straße gegenüber der bundesdeutschen Vertretung gegangen. Ich fand ihn extrem unsympathisch. Er hatte etwas von einem Stasi-Typ, weil er so auffällig unauffällig gekleidet war. An einem Freitagabend habe ich ihm bei seinem Umzug in Mitte geholfen. Er hatte eine schöne neue Wohnung. Allerdings waren die Elektroleitungen nicht unter dem Putz, sondern die Tapeten waren einfach darüber geklebt. Nach dem Umzug hat er mich in die Kneipe eingeladen. Ich hatte noch nie so viel getrunken. Auf dem Rückweg nach Hause saß ich völlig betrunken in der Straßenbahn und musste am Zionskirchplatz aussteigen, weil ich mich übergeben musste. Endlich zu Hause angekommen, bin ich völlig fertig ins Bett gefallen. An dem Abend stand plötzlich Schmecken an meinem Bett:
"Was ist los?"
"Ich kann nicht mehr."
An dem Freitagabend musste er ohne mich losziehen.

Meine Flucht

'Ich habe noch bis zum 23. Juli Urlaub. Bin noch mal weggefahren. '

Als meine Mutter diese Nachricht von mir gelesen hatte, hat sie sich sicher nicht vorstellen können, dass ich erst nach mehreren Jahren zurückkommen würde und sie mich das nächste Mal im Besuchsraum der Haftanstalt Halle wieder sehen würde, weil ich versucht hatte, die DDR zu verlassen und dabei festgenommen worden war.

Nachdem ich meiner Mutter den Zettel auf den Tisch gelegt hatte, bin ich zum Berliner Ostbahnhof gefahren und kaufte mir eine Fahrkarte nach Prag. Von dort wollte ich weiter nach Budapest. Mein Plan war, in Ungarn, bei Sopron, die Grenze zu Österreich zu überqueren und auf diese Weise die DDR zu verlassen. Ich hoffte, die Grenze in Ungarn sei nicht so scharf bewacht und gesichert, wie in der DDR oder der Tschechoslowakei.
Ich hatte mich vorbereitet. In meinem Gepäck befanden sich mein Schulabschlusszeugnis und mein Gesellenbrief, ein Kompass, eine Landkarte, ein Taschenrechner, eine kleine Bibel (von 1871) und 100 D-Mark. Damit ich im Falle einer Kontrolle keinen Verdacht erwecken würde, musste ich die Zeugnisse im Zug verstecken. Ich ging auf die Zugtoilette und schob die Papiere hinter den Papierhandtuchhalter. Dort glaubte ich sie sicher. Umso erschrockener war ich, als es auf einem Bahnhof kurz hinter der tschechischen Grenze

eine für mich unverständliche Durchsage gab und der Zug geteilt wurde. Ich muss das Ruckeln der Wagen beim Entkoppeln gespürt haben. Ich war in Panik, denn meine Zeugnisse waren im WC des abgehängten Wagens. Schnell lief ich über den Bahnhof in den anderen Zugteil und barg meine Papiere. Für den Rest des Weges behielt ich sie bei mir. Sie waren für mich wertvolles Kapital, weil sie die Eintrittskarte in den westdeutschen Arbeitsmarkt waren.

Nach diesem ersten Adrenalinstoß war ich froh, als der Zug in Prag ankam. Ich ging in die Stadt, um mich zu beruhigen und abzulenken. Ich hatte etwas Zeit, bevor es mit dem nächsten Zug weiter nach Budapest ging. Ich lief durch die Straßen, aber hatte keinen Blick für die Sehenswürdigkeiten. Im Grunde wartete ich nur ungeduldig auf die Weiterfahrt. Vier Jahre lang hatte ich auf diesen Tag gewartet, aber jetzt waren schon die Stunden des Wartens in Prag unerträglich.

Am Abend ging es weiter nach Budapest. In dem Abteil waren außer mir noch zwei junge Frauen. Wir kamen ins Gespräch. Natürlich fragten sie mich, was ich in Ungarn wolle. Ich war misstrauisch. Sah man mir an, was ich vorhatte, wurde ich beobachtet? Zögernd erzählte ich den beiden, ich wäre auf dem Weg zum Neusiedler See, wo ich ein paar Kumpels treffen wolle. Ich unterhielt mich vorsichtig weiter mit den beiden, immer darauf bedacht, mich nicht zu verraten oder mich in Widersprüche zu verstricken. Für mich war das anstrengend und eine gute Ablenkung zugleich. Es zeigte mir, dass zumindest die beiden mir meine

Tarnung glaubten und man mir nicht ansah, dass ich vorhatte aus der DDR zu fliehen.

Die Fahrt nach Ungarn war für mich nicht nur die Fahrt in die erhoffte Freiheit, sondern auch die erste Fahrt ins 'richtige' Ausland. Ich war zwar schon in Polen und der Tschechoslowakei gewesen, dorthin konnte man als DDR-Bürger ohne Visum reisen. Für Ungarn hingegen, brauchte man eines.

Ich hatte schon vor ein paar Jahren geplant, mit Schmecken und Branndorst zur Feier unseres Schulabschlusses 1982 nach Ungarn zu fahren. Damals hatte ich umfangreich für unseren Ungarn-Urlaub recherchiert. Wir wollten zum Balaton See fahren. 'Reiseführer' nannten mich die beiden, so eifrig war ich mit den Planungen beschäftigt. Und als Reiseführer war ich natürlich auch rechtzeitig zum Einwohnermeldeamt gegangen, um mir ein Visum für Ungarn zu besorgen. Leider haben sich die beiden irgendwann vor unserem Schulabschluss verkracht, so dass es nie zu dieser gemeinsamen Fahrt kam. Immerhin hatte ich aber dadurch das notwendige Visum und konnte jetzt unbehelligt nach Ungarn einreisen.

Am nächsten Tag kam ich in Budapest an. Dort hatte ich wieder ein paar Stunden Aufenthalt, bevor ein Zug weiterfuhr in Richtung Sopron. Angespannt ging ich in Budapest spazieren. Um mich abzulenken, sah ich mir einen Hinterhof an und stellte fest, dass er erheblich offener und breiter war als die Berliner Hinterhöfe, die ich kannte. Es gab dort sogar Pflanzen, Geschäfte und Restaurants, was mich sehr beeindruckte und mir sehr lebenswert erschien.

Zurück am Bahnhof kaufte ich mir eine Fahrkarte nach Sopron, die letzte Stadt vor der ungarisch-österreichischen Grenze. Vielleicht machte ich dort den ersten Fehler. Ich kaufte einen Einzelfahrschein und keine Hin- und Rückfahrkarte. Ich fühlte mich noch immer gut auf die Flucht vorbereitet. Ich hatte mich nämlich ausführlich über die Stadt Sopron informiert. Sopron war eine alte Handelsstadt mit einer Festung und lag früher an einer alten römischen Handelsstraße. Ein historisch interessierter Tourist, das war meine Tarnung, soweit das für einen 18-jährigen eine Tarnung sein konnte.
Ich setzte mich in den Zug. Um meine Nervosität zu verbergen und mich selbst zu beruhigen, begann ich in der Bibel zu lesen.
"Passport!"
Ich schreckte hoch. In der Abteiltür stand plötzlich ein ungarischer Beamter in grauem Anzug. Wir waren sechs Personen in dem Abteil, aber es war offensichtlich, dass er nur von mir den Ausweis und die Fahrkarte sehen wollte.
'Wieso ich? Warum schaut der nur mich an?', fragte ich mich.
Ich war aufgeregt. Sah man mir etwa doch an, dass ich aus der DDR kam und vorhatte zu fliehen? Stand es in meinem Gesicht geschrieben, dass ich über die ungarisch-österreichische Grenze fliehen wollte? Der Mann kontrollierte meinen

Ausweis und gab ihn mir zurück, schloss die Abteiltür und ging. Ich atmete auf.
'Alles noch einmal gut gegangen', seufzte ich still in mich hinein.
Ich las weiter in der Bibel und versuchte mich zu beruhigen.

Etwa am späten Nachmittag kam ich in Sopron an. Ich stieg aus dem Zug und wollte mich auf machen, die Gegend zu erkunden, als ich plötzlich von zwei Polizisten angesprochen wurde. Die beiden winkten mich in ein Polizeibüro auf dem Bahnhof. Offensichtlich hatte der Schaffner im Zug bereits weitergegeben, dass ich mich ohne Rückfahrkarte in Richtung Grenze bewegte. Oder hatte das bereits die Fahrkahrtenverkäuferin auf dem Bahnhof in Budapest getan? Am Bahnhof in Sopron war man zumindest auf mich vorbereitet. Es war bereits ein Übersetzer vor Ort, um mir die vielen Fragen zu übersetzen, die die Polizisten mir stellten.
"Was ist der Sinn Ihres Aufenthalts?"
In meinem Gehirn ratterte es und ich sagte meine vorbereiteten Sätze auf:
"Ich möchte mir die Stadt ansehen."
"Und was möchten Sie sich ansehen?"
"Das Stadttor, den Stadtturm, die alte Römerstraße."
Ich merkte, dass die Polizisten mir das nicht wirklich abkauften, aber ich blieb bei meiner Version. Während des ganzen Verhörs dachte ich darüber nach, wie ich aus der Situation rauskommen könnte, um endlich in Richtung österreichische Grenze zu gehen. Letztlich hatten die Beamten

nichts gegen mich in der Hand und mussten mich gehen lassen.
Leider konnte ich nicht alleine gehen. Der Dolmetscher lud mich ein, mit ihm etwas Trinken zu gehen. Ich wollte nicht, aber irgendwie spürte ich, dass ich die Einladung nicht ablehnen konnte und ging mit dem Mann in ein Lokal in der Nähe des Bahnhofs. Wir unterhielten uns ungezwungen. Trotzdem war ich die ganze Zeit auf der Hut und dachte darüber nach, wie ich den Mann los werden könnte. Der Übersetzer hatte einige Zeit in der DDR gearbeitet und sprach deshalb so gut Deutsch. Inzwischen waren bereits die typisch ungarischen Geiger an unseren Tisch gekommen und spielten. Nach einer Weile fragte der Dolmetscher:
"Jetzt sagen Sie mal, warum sind Sie wirklich hier?"
Ich wusste es! Diese Einladung des Dolmetschers war eine Fortsetzung des Verhörs mit anderen Mitteln. "Wie gesagt, ich will mir die Stadt ansehen."
Irgendwann gab der Dolmetscher auf und wir verabschiedeten uns. Inzwischen war es dunkel und ich schlenderte betont unauffällig durch die Stadt. Ich wollte zurück zum Bahnhof um von dort in Richtung Norden[8] auf kürzestem Weg die Stadt zu verlassen.
Nördlich des Bahnhofs verlief ein Fluss, den ich überqueren musste. Ich war so wild entschlossen, endlich zur Grenze zu kommen, dass ich mich

---

[8] Die Grenze zu Österreich verläuft nördlich von Sopron.

kaum beherrschen konnte, nicht direkt durch den Fluss auf die andere Seite zu schwimmen, sondern stattdessen einen kleinen Umweg zu einer Brücke zu machen. Hinter der Brücke hielt ein Polizeiwagen neben mir an.
"Wohin möchten Sie?"
Ich antwortete ausweichend. "Ich warte auf meinen Zug und will mir bis dahin die Beine vertreten."
"Dann steigen Sie ein, wir bringen Sie zum Bahnhof!"
Das war keine Bitte, sondern ein Befehl. Ich stieg also in den Polizeiwagen und wurde zurück zum Bahnhof gefahren. Ich kochte innerlich. Ich stand in dieser Stadt total unter Beobachtung. Das konnte doch nicht sein, dass ich mich in Sopron nicht bewegen konnte, ohne, dass ständig die Polizei hinter mir her war! Ich war mit den Nerven bereits jetzt völlig am Ende. In Sopron würde ich es nicht zur Grenze schaffen, so viel war klar. Kurz überlegte ich, ob ich zum Schein mit dem nächsten Zug in Richtung Budapest fahren sollte und schon an der nächsten Station aussteigen sollte. Angesichts der Überwachung im Zug und in Sopron befürchtete ich, dass das keinen Sinn machen würde. Da der nächste Zug nach Budapest erst in einigen Stunden fahren würde, legte ich mich im Bahnhof auf eine der Holzbänke und döste vor mich hin. Gegen Morgen fuhr ich frustriert zurück nach Budapest und von dort über Prag wieder zurück in die DDR, nach Dresden.

Niedergeschlagen stand ich in Dresden auf dem Bahnhof und überlegte, was ich tun sollte. Mein schöner Plan, in Ungarn die Grenze zu überqueren war nicht aufgegangen. Die Idee in die Bundesdeutsche Botschaft zu flüchten, wie das später Tausende DDR-Bürger getan haben, kam mir überhaupt nicht in den Sinn. Auch an eine Flucht aus der Tschechoslowakei nach Westdeutschland dachte ich nicht. Mein Gedanke war, dass die tschechische Grenze zur Bundesrepublik mindestens so gut bewacht wäre, wie die DDR-Grenze. Ich hatte gehofft, dass das Grenzregime zwischen Ungarn und Österreich weniger streng wäre. Aber dort hatte ich es ja nicht einmal bis zu den Grenzanlagen geschafft!

Ich hatte Hunger und kaum noch Geld, außer den 100,- DM die ich bei mir hatte. Noch auf dem Dresdner Bahnhof sprach ich einen Mann an, ob er mir die 100,- DM umtauschen würde in DDR-Mark. "Wie können Sie mich so etwas fragen", wies er mich barsch und entrüstet ab.
Ich zuckte zusammen und machte mich schnell davon. Irgendwie hatte ich das Gefühl verdächtig auszusehen und kam mir weiterhin beobachtet vor. Ich wollte endlich raus aus der DDR! Von meinem letzten Geld kaufte ich mir eine Fahrkarte nach Zwickau. Mein neues Ziel war die bayerische Grenze.
Wenn schon der Umtausch der 100,- DM nicht möglich war, wollte ich in Zwickau zunächst versuchen, den Taschenrechner, den ich bei mir hatte, zu verkaufen, um wieder an etwas DDR-Geld zu gelangen.

Mein erster Taschenrechner war ein Geschenk meiner Oma aus Hann. Münden. Ich hatte ihn fast

immer bei mir. Einmal fiel er mir in der Schule bei einer wilden Verfolgungsjagd mit meinen Mitschülern aus der Brusttasche meines Hemdes. Ein Schulkamerad war im Eifer des Gefechts auf den Taschenrechner getreten. Glücklicherweise funktionierte er aber trotzdem noch. Irgendwann war mein geliebter Taschenrechner verschwunden. Ich hatte ihn zu Hause irgendwo hingelegt und konnte ihn nicht mehr finden.
Durch ein Geldgeschenk meiner Oma hatte ich genügend DM, um mir im Intershop[9] einen neuen Taschenrechner zu kaufen. Diesen Taschenrechner hatte ich jetzt auf der Flucht bei mir. In Zwickau angekommen ging ich zu einem Gebrauchtwarenladen.
"Was kann ich für diesen Taschenrechner bekommen" fragte ich die Verkäuferin.
"Hm, das kann ich Ihnen nicht sagen. Unser Techniker ist nicht da. Kommen Sie morgen wieder."
Bis morgen konnte ich nicht warten. Also stellte ich mich vor den Laden auf den Bürgersteig, legte den Taschenrechner vor mich hin und schrieb auf einen Fetzen Papier einen Preis. Es dauerte nicht lange und jemand kaufte mir den Taschenrechner ab. Von dem Geld ging ich geradewegs in ein Lokal und aß einen Teller Spaghetti. In den letzten Tagen hatte ich mich nur von Traubenzuckertabletten ernährt und außer dem Abendessen mit dem ungarischen Dolmetscher nicht mehr gegessen..

---

[9] Ladenkette in der DDR, in der gegen westliche Devisen westliche Waren erworben werden konnten

So gestärkt fuhr ich weiter in Richtung Süden zur Grenze. Ich weiß nicht mehr genau, wie ich gefahren bin, ob mit dem Bus oder dem Zug, aber gegen Abend bin ich auf einer Landstraße in Richtung Grenze gelaufen. Es wurde dunkel. Aus Angst, entdeckt und wieder weit vor der Grenze abgefangen zu werden, so wie in Sopron, bin ich jedesmal, wenn mir ein Auto entgegen kam oder mich überholte, in den Straßengraben gesprungen. Ich lief durch ein Feld und kletterte über einen Weidezaun. Dahinter begann ein Wald. In diesem Wald war es so dunkel, dass ich nichts sehen konnte. Bis jetzt hatte ich mich mit dem Kompass orientiert, aber auch den Kompass konnte ich in der Dunkelheit nicht mehr ablesen. Die ungefähre Richtung war mir klar. Ich ging weiter, und um nicht gegen einen Baum zu laufen, nahm ich meine Umhängetasche und schwang sie vor mir her. Ich wusste, dass ich im Grenzgebiet war und befürchtete, dass der Wald mit Gräben oder anderen Hindernissen durchzogen war. Ich konnte die sprichwörtliche Hand vor den Augen nicht sehen. Weitergehen hatte keinen Sinn. Ich platzte fast vor Ungeduld und Verzweiflung. Dennoch siegte die Vernunft und ich setzte mich enttäuscht an einen Baum auf den Boden, um auf den Tagesanbruch zu warten. Als ich mich setzte, merkte ich, dass meine Hose vollkommen durchnässt war. Das vorhin durchquerte Feld war sehr hoch bewachsen und offensichtlich nass gewesen, was mir bis zu dem Zeitpunkt gar nicht aufgefallen war. Irgendwann legte ich meinen Kopf auf die Tasche und schlief ein.

Im Morgengrauen wurde ich wach. Ich hatte unbequem gelegen, meine Glieder waren steif und meine Sachen feucht. Trotzdem ging ich entschlossen weiter. Ich kannte den Grenzverlauf genau. Ich hatte die Karte oft genug studiert. Ich wusste also, in welche Richtung ich gehen musste. Es dauerte auch nicht lange, da kam ich an den Waldrand und die Grenzanlagen. Direkt vor mir verlief der Kolonnenweg, auf dem die Grenzer patroullierten. Dahinter waren ein Graben und ein hoher Drahtzaun. Ich sah mir den Zaun an. Die obersten Drähte des Zaunes gabelten sich und waren v-förmig angebracht. Direkt hinter dem Zaun sah ich ein kleines Trafohäuschen, von dem Kabel zum Zaun führten. Der Zaun stand also unter Strom! Auf diese Situation war ich nicht vorbereitet. Ich hatte ja gehofft, in Ungarn über eine verhältnismäßig ungesicherte Grenze zu kommen. Jetzt stand ich doch vor der innerdeutschen Grenze und überlegte, wie ich ohne Hilfsmittel den Elektrozaun überwinden könnte.
Meine erste Idee war, unter dem Zaun hindurch zu kriechen. Ich fing mit bloßen Händen und Stöcken an, in dem schweren Lehmboden zu graben. Bald merkte ich, dass sich unter dem Zaun im Boden ein Betongitter verbarg und ich ohne schweres Gerät keine Chance haben würde, unter dem Zaun hindurch zu kommen. Es blieb also doch nur der Weg oben drüber.
Um über den Zaun klettern zu können, brauchte ich etwas, um mich zu isolieren. Ich zog mein Hemd aus und wickelte es um meine Hände. Ich griff nach dem Zaun. Wusch! Ich bekam einen Schlag. Mein Hemd war von der Nacht völlig

klamm und leicht feucht, was ich in dem ganzen Stress nicht bemerkt hatte.
Ich sah mich um. Am Waldrand lag ein Stapel eingeschlagener schlanker Baumstämme. Ich wollte endlich über diesen Zaun! Ich zerrte einen der Stämme, der sicher 10 Meter lang war, zum Zaun, richtete ihn auf und lehnte diesen an. Dadurch berührten sich die obersten beiden Drähte. Am Trafohäuschen ging eine Alarmlampe und ein Signalhorn an. Panisch warf ich den Baumstamm weg und rannte so schnell ich konnte in den Wald. Ich verlor meinen Schuh, zog in hektisch wieder an und rannte weiter. Irgendwie erreichte ich die Hauptstraße eines Dorfes und zu meinem großen Glück kam ein Motorradfahrer auf mich zu. Ich hielt meinen Daumen hoch und der Motorradfahrer stoppte und nahm mich mit. Wir fuhren aus dem Dorf raus, gleichzeitig kam die Polizei mit Sirenengeheul in das Dorf hineingefahren. Im nächsten Ort setzte mich der Motorradfahrer ab und ich trampte weiter. Wieder hatte ich Glück, denn ein Auto hielt und nahm mich mit. Erst als ich in dem Auto saß, beruhigte ich mich langsam und sah an mir herunter. Ich war lehmverschmiert, dreckig, nass und zerzaust. Der Fahrer sah mich zwar merkwürdig an, stellte aber keine Fragen. An einer Autobahnraststätte in der Nähe des Schleitzer Dreiecks setzte mich der Fahrer wortlos ab.
Nun stand ich verloren und geknickt auf der Autobahnraststätte an der Transitstrecke in Richtung Bayern.
In meiner Verzweiflung sprach ich einen jungen Autofahrer aus Westdeutschland an und zeigte ihm meine 100,- DM.

"Können Sie mich mitnehmen?"
Entsetzt winkte er ab.
Ich war ratlos und niedergeschlagen. Die Flucht in Ungarn war gescheitert, es gab keine Möglichkeit den Grenzzaun in der DDR zu über- oder unterqueren und von einem Transitreisenden mitgenommen zu werden, war aussichtslos. Außerdem wollte ich auch niemand anderen durch meinen Fluchtversuch in Gefahr bringen und unbedingt alleine fliehen. Vier Jahre lang hatte ich mich entschlossen auf meine Flucht vorbereitet und sogar die Klempnerlehre durchgestanden. Ich war aber nicht darauf vorbereitet, dass mein Fluchtplan in Ungarn scheitern würde. Nun stand ich wieder in der DDR und musste einsehen, dass der Grenzzaun unüberwindlich war.
Ich lief von der Autobahn in den nächsten Ort. Am Bahnhof sah ich mir die Streckenkarte der Reichsbahn an. Da fiel mir noch eine Fluchtmöglichkeit ein: Ein Grenzfluss, denn dort wo ein Grenzfluss war, konnte kein elektrischer Zaun sein, so meine Überlegung. Da es eine sehr grobe Karte war, waren nur die größten Flüsse eingezeichnet. Ich entschied mich, bei Bad Salzungen, südlich von Eisenach durch die Werra zu schwimmen.
Mein Geld reichte gerade noch für eine Fahrkarte in Richtung Eisenach und weiter zur Grenze. Ich stieg in den Zug ein. Noch vor der Fahrkartenkontrolle kam ein Transportpolizist.
„Wollen Sie abhauen?“, fragte er mich unverblümt.
Ich hatte keine Kraft mehr, mir eine weitere Tarngeschichte auszudenken. Die Überquerung der Grenze war mir unmöglich und nach Ost- Berlin zurückzukehren, kam für mich überhaupt nicht in

Frage. Also gab es nur noch eine Möglichkeit: Gefängnis und Freikauf durch die Bundesrepublik.
„Ja, das will ich."
„Dann kommen Sie mal mit!"

Im Gefängnis

Ich wurde zunächst für ein paar Stunden in ein Polizeigefängnis in Eisenach gebracht. Das war am 19. Juli 1984.

Meine Mutter schrieb auf den Notizzettel, den ich ihr hingelegt hatte: *'Montag den 16.7.84 ist Cliewe noch mal weggefahren. 9.45 Uhr Lietzenstraße Untersuchungs-Staatsanwalt. Cliewe ist in Gotha.'* '

Tatsächlich war ich schon am Abend des 15. Juli 1984 weggefahren. Ich war also bis zu meiner Verhaftung vier Tage unterwegs gewesen. Mir kam das vor wie eine Ewigkeit, als ob ich Wochen auf der Flucht gewesen wäre und mich tagelang durch dunkle Wälder und unwegsames Gebiet hatte durchschlagen müssen. Ich hatte kaum gegessen und geschlafen und war übermüdet, erschöpft und hungrig.
Im Haftbefehl wurde festgestellt: *„Die Anordnung der Untersuchungshaft ist gesetzlich begründet, weil die Tat, die den Gegenstand des Verfahrens bildet, mit Haftstrafe bedroht und eine Strafe mit Freiheitsentzug zu erwarten ist und außerdem Wiederholungsgefahr gegeben ist. Da u.a. Fluchtverdacht vorliegt, war die Inhaftierung des Beschuldigten zur Durchführung des Strafverfahrens unumgänglich.“*

Ich saß in einer fensterlosen Kellerzelle und bat die Polizisten um etwas zu Essen. Ich wurde vertröstet, dass ich bald in ein richtiges Gefängnis käme, wo es auch etwas zu Essen gäbe.

Vom Polizeigefängnis wurde ich noch am selben Tag in ein Gefängnis in Gotha gebracht. Dort war ich ca. zwei Wochen. Ich saß mit einem weiteren Häftling zusammen in einer kleinen Zelle. Links der Zellentür befand sich ein Doppelstockbett. Gegenüber standen ein Tisch und zwei Stühle. In der Mitte der Zelle war ein vergittertes Fenster. Mein Zellengenosse war ein umgänglicher Mensch.
"Wenn du in den Knast kommst, musst du auf dich aufpassen", sagte er.
"Warum?"
"So wie du aussiehst, werden sie um dich losen."
Die Anspielung habe ich nicht verstanden, er hat sie nicht weiter erklärt und ich habe auch nicht nachgefragt, weil ich dem keine weitere Bedeutung beimaß.

Wir mussten fast die gesamte Zeit in der Zelle bleiben. Auch das Essen bekamen wir in der Zelle. Ich lernte dort, Kartoffeln mit der Schale zu essen. Es gab zum Mittagessen häufig Pellkartoffeln mit Quark. Diese befanden sich in einer großen Schale und mein Zellengenosse bediente sich eifrig ohne zu schälen. Wenn ich satt werden wollte, musste ich mithalten. Es war einfach keine Zeit zum pellen. Ich musste satt werden, denn ich hatte immer diesen fürchterlichen Hunger, da sich mein Körper noch nicht auf die insgesamt kalorienarme Kost eingestellt hatte.

Das Schlimmste in diesen ersten zwei Wochen Haft war jedoch die Langeweile und die Angst vor der Zukunft – wie würde es weitergehen? Es gab kein Radio, nichts zu lesen und besonders viel Gesprächsstoff hatten wir auch nicht. Ich war dankbar, wenn wir etwas zu Arbeiten bekamen. Dann konnten wir Hosenträgerverschlüsse zusammenbauen. Die Bestandteile lagen in Plastikbehältern, die uns in die Zelle gebracht wurden. Wir saßen uns dann gegenüber am Tisch und bastelten den ganzen Tag die Schnappverschlüsse zusammen. Das klingt eintönig, war aber eine Wohltat, verglichen mit den Tagen, an denen wir nichts zu tun bekamen. Die arbeitsfreien Tage, d.h. vor allem die Wochenenden, waren eine Katastrophe. Ich hatte in diesen ersten Wochen keinen Kontakt zur Außenwelt. Kein Telefonat mit der Familie oder einem Anwalt. Ich wusste überhaupt nicht, wie es weitergehen würde, nur dass irgendwann ein Prozess auf mich zukam.

Kurz nach meiner Festnahme klingelte es bei meinen Eltern an der Wohnungstür. Meine Mutter öffnete und ein ihr unbekannter Mann fragte sie: „Wissen Sie wo Ihr Sohn ist?“
Zum Glück wusste sie es nicht, sonst wäre sie in die ganze Sache noch verwickelt worden. Ich hatte seit der Ablehnung meines Aufnahmeantrages in die Handelsflotte vier Jahre lang meine Fluchtabsichten geheimgehalten. Ich hatte vier Jahre lang geschwiegen, keiner, auch meine besten Freunde, waren nicht in meinen Fluchtplan eingeweiht. Unter anderem genau aus diesem Grund.

Nach zwei Wochen in Gotha wurde ich mit anderen Häftlingen per Bahn in einem Häftlingswagen[10] in die Untersuchungshaftanstalt nach Berlin-Rummelsburg gebracht. Dieser Häftlingseisenbahnwagen sah von außen wie ein Postwagen aus und wurde an einen gewöhnlichen Personenzug angehängt. Drinnen befand sich ein Mittelgang und an den Seiten winzige vergitterte Abteile. In diesen Abteilen kauerten wir zu viert, zwei Häftlinge nebeneinander jeweils gegenüber, ohne jegliche Beinfreiheit. Ein fünfter Platz war auf einem Klappsitz direkt unter dem vergitterten, zugigen Fenster.
Ich kam mit einem älteren Mitgefangenen ins Gespräch und fragte ihn:
"Warum bist du hier?"
"Wirtschaft," war die einsilbige Antwort.
Ich bekam noch heraus, dass er irgendeinen Subventionsbetrug mit Schafen begangen hatte.
„Was für einen Subventionsbetrug kann man in der DDR mit Schafen begehen?“
Darauf bekam ich keine Antwort und konnte mir nichts darunter vorstellen.
Ebenfalls auf dem Transport war der spätere Kalfaktor[11] im Gefängnis in Rummelsburg. Wie sich herausstellte, war der Mann ein Kohlenhändler aus Berlin. Er arbeitete in der Gegend in der ich aufgewachsen war. Ich kannte den Mann aber nicht, denke also, dass wir unsere Kohlen woanders gekauft haben. Er konnte mich ganz gut leiden und

[10] Diese Häftlingstransportwagen wurden "Grotewohl-Express" genannt
[11] Gefangener, der Hilfsdienste für die Wärter im Gefängnis verrichtet

steckte mir später in Rummelsburg einmal extra Shampoo zu. Während der Zugfahrt fiel er mir aber ziemlich widerlich auf. Als plötzlich auch Frauen auf dem Transport durch den Mittelgang kamen brüllte er: "Lass mal deine Binde hier!" Das war schon ein kleiner Vorgeschmack auf die Typen, denen ich im Knast noch begegnen sollte.
Ein anderer Mitgefangener Im Häftlingswagen meinte:
"Wenn du Politischer bist und raus willst, musst du Vogel nehmen."
Bis dahin hatte ich keine Ahnung, wer Wolfgang Vogel war und dass man einen bestimmten Anwalt benötigte, um für einen Freikauf durch die Bundesrepublik überhaupt in Frage zu kommen. Ich merkte mir das gut und drängte später, bei den Verhören mit Stasi-Vernehmern darauf, Wolfgang Vogel als Rechtsanwalt zu bekommen.

Die Zugfahrt im Häftlingswagen von Gotha nach Berlin dauerte sehr lange. Offensichtlich fuhren wir nicht direkt nach Berlin. Gegen Abend wurde die Fahrt unterbrochen und wir wurden zum Aussteigen jeweils zu zweit aneinander mit Handschellen gefesselt. Die Handschellen waren vom Leiter der Untersuchungshaftanstalt Gotha auf dem Transportbegleitschein für die Beförderung von Strafgefangenen/Verhafteten angeordnet worden. Ich stand zufällig an einen Mithäftling angekettet, vorne in der Reihe.
"Wenn Sie einen Fluchtversuch starten, werden wir von der Schusswaffe Gebrauch machen“, sagte mir ein Wachmann direkt ins Gesicht.

Wir wurden zum übernachten in einen Backstein Gewölbekeller gebracht, in dem Pritschen aufgestellt waren. Das müssen die so genannten Cottbusser Kasematten gewesen sein. Außer Bonbons gab es nichts zu essen. Zum Zähneputzen oder Waschen gab es auch nichts.

Am nächsten Morgen ging es wieder mit Handschellen an einen Mitgefangenen angekettet, mitten im Berufsverkehr über irgendeinen Bahnhof zum Eisenbahnwaggon. Wieder stand ich vorn. Ich sah direkt vor mir auf dem Bahnhof eine Mutter, die ihr kleines Kind umdrehte, um ihrem Kind unseren Anblick zu ersparen. Mir wurde mit einmal bewusst, dass ich in der DDR zu einem Kriminellen geworden war. Ich war ein Verbrecher, ohne mich wie ein Verbrecher zu fühlen oder nach meinem Rechtsverständnis ein Verbrecher zu sein. Trotzdem schämte ich mich. Ich wollte doch nur in die Freiheit und jetzt wurde ich in Handschellen als Schwerverbrecher wie Vieh transportiert und war zu einem unerträglichen Anblick für ein kleines Kind und deren Mutter geworden.

Bei der Ankunft in der Haftanstalt Rummelsburg wurden wir von den Wärtern als Strafgefangene begrüßt.
"Wenn man noch nicht verurteilt ist, ist man noch nicht Strafgefangener“, sagte darauf ein Mithäftling. Der Wärter antwortete lakonisch: "Das kriegen wir schon noch hin."
Bevor ich in die Zelle gebracht wurde, wurden meine Fingerabdrücke genommen und es wurde ein Foto gemacht. Gefangenenkleidung bekam ich

nicht, denn ich war ja noch nicht verurteilt. Also trug ich immer noch die Sachen, die ich bei meiner Flucht anhatte.

Als ich in der Zelle ankam, wusste ich noch nicht, dass die nächsten Tage die unangenehmste Zeit meines Lebens sein würden. Die kleine Zelle war mit sechs Personen völlig überbelegt. Der Gefängnisbau stammte aus dem 19. Jahrhundert. Die Zelle war damals als Einzelzelle (!) konzipiert worden.
Auf der rechten Seite standen zwei Dreifachstockbetten hintereinander an der Wand und in der Mitte am Fenster war ein Bett für einen siebten Häftling. Links stand ein Schrank und in der Mitte ein Tisch. Zwischen den beiden Dreifachstockbetten und dem Schrank war kaum Platz. In der linken Ecke, ohne jegliche Abtrennung, war eine Toilette. Das war unerträglich für mich, dort zu sitzen, während mir die anderen zusehen konnten. Das ging dann auch tagelang nicht, bis ich solche Bauchschmerzen bekam, und mir nichts anderes mehr übrig blieb, als die Toilette zu benutzen.
Ich hatte das Bett rechts unten direkt neben der Tür. Eines nachts, nachdem ich eingeschlafen war, bekam ich plötzlich von oben eine 'Schütte', d.h., mir wurde kaltes Wasser ins Bett gekippt. Ich begriff gar nicht, wie mir geschah. Es war stockdunkel und ich habe das gar nicht als Provokation verstanden. Da ich mitten im Schlaf überrascht wurde, konnte ich die Situation nicht einschätzen und schlief wieder ein. In der zweiten Nacht, in der ich wieder eine 'Schütte' bekam, stand ich auf und brüllte herum. Plötzlich bekam ich einen brutalen

Faustschlag ins Gesicht und stürzte in Richtung der Toilettenschüssel. Ich war so benommen, dass ich nicht erkennen konnte, wer es war oder wo mein Angreifer stand. Ich spürte, wie ich am Mundwinkel blutete. Plötzlich wurde die Tür aufgerissen und das Licht ging an. Ein Schließer kam und zog den Angreifer, der als einziger im Raum stand aus der Zelle.
„Du sagst aber nicht, dass ich dabei war, oder?“, flehte mich am nächsten Morgen ein anderer Mithäftling an. Ich habe nichts gesagt – ich hatte ja auch nichts gesehen. Damit war die Sache erledigt und ich hatte fortan meine Ruhe. Dieser Mitgefangene, war ursprünglich wegen Körperverletzung verurteilt worden und hatte während seiner Bewährungszeit eine weitere Körperverletzung begangen Ein paar Tage nach diesem Vorfall wurde er zu 3½ Jahren Haft verurteilt. Insgesamt hatte ich ein leichtes Unbehagen, was die Mitinsassen anbelangte, da ich mit Menschen dieses Schlages noch nie etwas zu tun hatte. Wie gesagt, ich hatte nach diesem Vorfall keinen weiteren Ärger mehr zumal der Angreifer auch nicht mehr in die Zelle zurückkam. Angst hatte ich aber trotzdem. Denn im Vergleich zu manch anderen Häftlingen war ich mit meinen vielleicht 60 Kilo Gewicht und 1,78 cm Körpergröße ein Fliegengewicht und überhaupt nicht erpicht auf irgendwelche weiteren Schlägereien.

Zu der Angst kam dieses ständige Hungergefühl. Es gab nur wenig zu Essen, zum Frühstück beispielsweise etwas Vollkornbrot mit Margarine. Am Abend lag ich hungrig im Bett und schlief in der fürchterlichen Gewissheit ein, dass ich auch am nächsten Tag nicht satt werden würde. Mein Körper gewöhnte sich erst allmählich an diese scheinbar noch dürftigere Kost als in Gotha.

In den nächsten Tagen schrieb ich meinen Ausreiseantrag:
„Antrag auf Entlassung aus der DDR-Staatsbürgerschaft
Ich, Cliewe Juritza, möchte hiermit die Entlassung aus der DDR-Staatsbürgerschaft beantragen.
Das politische System und das damit verbundene einseitige gesellschaftliche Leben machen es mir unmöglich in der DDR zu verbleiben.
Zurzeit befinde ich mich in der UHA[12] *Rummelsburg, wegen des Verdachts der illegalen Grenzüberschreitung.*
Es ist mein fester Wille nach dem Verbüßen der Haftstrafe, in die Bundesrepublik Deutschland überzusiedeln.
Schon allein der Gedanke, daß man mich, wenn die Grenzüberschreitung nicht mehr anders zu verhindern gewesen wäre, zur Not auch erschossen hätte wie es sonst nur für Freiwild üblich ist, läßt mich nur mit tiefer Verachtung diesem Staat gegenüberstehen.
Der Entschluß die DDR-Staatsbürgerschaft abzulegen festigte sich bei mir, nach ernsthaften Überlegungen und Erfahrungen, in den letzten Jahren.
Für mich persönlich gibt es keine Zukunft in einem Staat der zwar Arbeitsplätze und soziale Sicherheit garantiert auf der anderen Seite jedoch die per-

---

[12] Untersuchungshaftanstalt

sönliche Freiheit des Bürgers verkrüppeln läßt, der kein öffentliche Meinungsfreiheit zuläßt, die Meinungsvielfalt in Presse, Funk, Fernsehen in Kunst und Literatur unterdrückt.
Die Einschränkung der Reisefreiheit die dem Bürger neben vielen anderen Dingen schon längst nicht mehr bewußt wird, da es ihm von klein auf beigebracht wurde, sich gegen solche Erscheinungen nicht zu wehren, läßt die Entmündigung nur erahnen.
Die ständig eintrommelnde Propaganda, das arrogante Gebärden des Staates, er widerspiegele die 'einzig wahre Gesellschaftsordnung' haben ihr Ziel nicht verfehlt.
Auch der Fakt, daß dem Bürger die heile Welt des Sozialismus in den Medien vorgegaukelt wird, an schleimigen Selbstloben spart man übrigens nicht, läßt mich unweigerlich in Zwietracht mit diesem Staat stehen.
Denn wie sieht die Realität aus. Wenn ich beispielsweise nach getaner, harter Arbeit nach Hause komme und um ca. 17.00 eine Bäckerei aufsuche, bekomme ich weder ein frisches Brot noch Brötchen zu kaufen, ganz zu schweigen davon, daß ich Melonen und Kokosnüsse nur noch von Fotos her kenne. Dies eben geschilderte läßt sich bis hin zur Kraftstoff- und Materialsituation in der Industrie vervollständigen.
Der Staat hat gegenüber seinen Bürgern ein ungeheures Mißtrauen. Dies äußert sich nicht nur durch die stark gefilterten Informationen in den Medien, sondern auch dadurch, das es mal ganz abgesehen von der Kirche, so gut wie keine privaten Vereine oder Institutionen gibt. Alles steht

unter der Allmacht des Staates. Sollte jedoch mal eine Gruppe von Menschen aus diesem Gittergeflecht versuchen auszubrechen, und sei es nur um des Friedens Willen, wird sie sofort zerschlagen werden, eingesperrt, der Staatsbürgerlichen Rechte beraubt oder des Landes verwiesen. Ich denke nur an die Friedensgruppe in Jena. Auch der von der Kirche herausgegebene Aufnäher 'Schwerter zu Pflugscharen' und die daraus folgenden Unannehmlichkeiten für deren Träger belegen dies.
Die SED und ihre hohen Politiker genießen eine überdimensionale Verehrung, man könnte fast von einem Kult sprechen. Ich brauche nur an Walter Ulbricht zu denken, dessen Name noch zu Lebzeiten ein Werk und ein Stadion erhielten. So gibt es auch keine Karikaturen von ihnen. Sollte man mich nach meiner Haftzeit nicht in die BRD übersiedeln lassen, so werde ich Mittel und Wege finden, um auf mein Problem öffentlich Aufmerksam zu machen."
Diesem Schreiben fügte ich noch einen Lebenslauf bei. Darin schrieb ich: *".... In den letzten Jahren, da sich meine Persönlichkeit festigte wurde mir klar, daß ich mit dieser Gesellschaft nicht in Eintracht leben kann. Zu diesem Entschluß hin hat mich niemand beeinflußt. Auch wußte niemand etwas davon."*

Mir war wichtig, dass meine Familie und Freunde keine Nachteile durch meinen Fluchtversuch und den Gefängnisaufenthalt hatten. Außerdem war es für die Bemessung des Strafmaßes bei der Verurteilung maßgeblich, ob es Mittäter gab oder ich Alleintäter war.

Nachdem ich den Ausreiseantrag eingereicht hatte, musste ich zu einem längeren Gespräch mit einem Stasi-Offizier. Er erzählte mir, er hätte als Agent mitgearbeitet, die Rollback Offensive der Alliierten in den 50er Jahren zurückzudrängen[13]. Er wollte mich bekehren und zurück auf den 'rechten Weg' bringen. Dazu hat er mir Angst gemacht. Ich weiß nicht mehr womit, aber ich hatte Angst. Trotzdem blieb ich bei meinem Ausreiseantrag. Meine Strafvollzugsakte wurde daraufhin gekennzeichnet mit dem Vermerk *„negative Einstellung" „Gründe: ..stellte Antrag auf Ausreise in die BRD"*. Dieser Vermerk sollte mich die nächsten Monate begleiten. Die negative Einstellung zur DDR stand im Kennzeichnungsformular auf der gleichen Stufe wie *„Mörder bzw. Mordverdacht, psychisch abnorm, Selbsttötungsgefahr, renitent und Ausbrecher bzw. fluchtverdächtig"*.
Ein Major des Strafvollzugs[14] bewertete meine persönliche Einstellung:

---

[13] Nach der Amtsübernahme des US-Präsidenten Eisenhower wurde über die Militärstrategie der Alliierten neu beraten. Im Gegensatz zu Präsident Truman, der eine "containment" Strategie bevorzugte, wollte Eisenhower eine mehr aktive Politik des Zurückdrängens des Kommunismus, eine Rollback Strategie.
[14] Major des Strafvollzugs (SV): höhere Dienstlaufbahn im Strafvollzug der DDR

„Bei dem Strafgefangenen handelt es sich um einen hartnäckigen Antragsteller auf Ausreise in die BRD. Seine Einstellung zur Politik unseres Staates ist völlig negativ verfestigt und feindlich geprägt. Eine Wiedereingliederung in der DDR lehnt er grundsätzlich ab. .... Er tritt überheblich und arrogant in Erscheinung. Die Schwere und Verwerflichkeit seiner strafbaren Handlungen sieht er in keiner Weise ein.“
Die Einschätzung war in soweit richtig, als ich in der Tat nicht einsehen konnte und kann, dass das Verlassen der DDR eine schwere Straftat sein sollte. Noch am gleichen Tag wurde in der Haftanstalt ein Formular ausgefüllt: „Erfassungsbogen und Konzeption zur langfristigen politisch-ideologischen Einflußnahme“. In diesem Formular wurden die Motive und Gründe zu meinem Ausreiseantrag, der im Formular „rechtswidriger Antrag“ genannt wurde, festgehalten und die „Familiäre Situation und Ansatzpunkte für eine Einflußnahme“ analysiert. Als einziger Ansatzpunkt wurden meine Eltern definiert. Eine Antwort auf meinen Ausreiseantrag kam ziemlich schnell: *„Entsprechend den Bestimmungen der Verordnung zur Regelung von Fragen der Familienzusammenführung und der Eheschließung zwischen Bürgern der Deutschen Demokratischen Republik und Ausländern vom 15.09.83 sind bei Ihnen die Voraussetzungen für eine Antragstellung nicht erfüllt und deshalb wird eine Bearbeitung nicht vorgenommen.“* Die Ablehnung war unterschrieben von einem Major des Strafvollzugs, d.h. mein Ausreiseantrag hatte die Haftanstalt gar nicht erst verlassen. Dafür war der Antrag mehrfach kommentiert worden (*„Verleum-*

dung") und immer wieder Anlaß für erzieherische Gespräche.
Trotzdem blieb ich bei meinem Ausreiseantrag und auch bei der Forderung, Wolfgang Vogel als Rechtsanwalt zugeteilt zu bekommen. Auch wenn mindestens ein Brief an meine Mutter, mit meiner Bitte, bei der Kanzlei Wolfgang Vogel wegen meines Übersiedlungsgesuches nachzuhaken von der Haftanstaltsverwaltung abgefangen wurde, wurde mein Fall schließlich tatsächlich von der Kanzlei von Wolfgang Vogel übernommen. Zweimal erhielt ich in Rummelsburg Besuch von einem Vertreter von Wolfgang Vogel, Rechtsanwalt Hartmann. In den Gesprächen ging es um meine Verteidigungsstrategie. Statt politisch zu argumentieren, sollte ich den harmlosen Jugendlichen mimen, der auch einmal gute Westschokolade essen und deshalb das Land verlassen wollte. War das peinlich, wozu hatte ich mir beim Ausreiseantrag so viel Mühe gegeben? Über einen eventuellen Freikauf haben wir nie gesprochen. Möglicherweise, weil Hartmann ihn nicht für möglich hielt. Nur Politische Gefangene mit hohen Haftstrafen kamen in der Regel für einen Freikauf in Frage. Vielleicht war meine zu erwartende Strafe viel zu gering für einen Freikauf. Aber es sollte noch ein für den Freikauf begünstigender Faktor hinzukommen.

Vor einem der Termine mit Rechtsanwalt Hartmann, wartete ich zusammen mit anderen Häftlingen im Vorraum der Besprechungsräume. Während dieser Zeit, erzählte ein junger, völlig harmlos wirkender Mann, dass er seine Mutter in der Küche ihrer Wohnung in Hohenschönhausen erstochen habe. Ein anderer Häftling fragte ihn, ob das alle im ganzen Haus gehört hätten, als er sie abgestochen habe. Mir wurde schlecht, bei der Fragerei nach dem Blut und dem Geschrei des Opfers.

Dann gab es da noch den Opernsänger. Auch er hatte seine Frau erstochen. Jeden Tag sang er in seiner Zelle Arien, die durch den ganzen Zellentrakt und über den Hof hallten, bis ihm die Schließer das verboten . Fast so, wie im Film Alkatraz, als dem ‚Vogelmann' das Halten der Vögel verboten wird.

Nach fast zwei Monaten Untersuchungshaft in Rummelsburg wurde mir am 10. September 1984 in der Littenstraße der Prozess gemacht. Zusammen mit anderen Häftlingen wurde ich durch einen Seiteneingang in das Gerichtsgebäude geführt. Dort stand ein riesiges Fass mit Tee für die Häftlinge bereit. Die Wärter bestimmten einen Häftling, der das Fass in den Warteraum tragen sollte. Dieser weigerte sich, worauf es einen kurzen Streit gab. Ich war aber viel zu aufgeregt, um darauf zu achten.
Als ich dran kam, stand ich in meiner grünen Hose (noch immer die Hose, die ich während der Flucht anhatte!) und zitternden Knien im Gerichtssaal. Vor mir saß die Richterin, eine junge Frau. Links und rechts von ihr saßen zwei ältere Herren als Schöffen. Rechts von mir saß der Staatsanwalt und links mein Rechtsanwalt. Hinter mir war das Publikum. Ich habe mich nicht umgedreht und ich weiß nicht, wer oder wie viele Zuschauer bei meinem Prozess dabei waren oder ob jemand aus

meiner Familie anwesend war. Ich hatte aber das Gefühl, dass der Brigadier[15] meiner ehemaligen Klempnerfirma im Publikum war.
Ich kann mich während des Prozesses an keine längere Befragung erinnern. Offensichtlich reichten die Protokolle von den Vernehmungen in Gotha nach meiner Verhaftung aus, in denen ich ausführlich meine Fluchtversuche geschildert hatte.
Der Staatsanwalt wetterte:
"Nach mehreren gescheiterten Fluchtversuchen wollte der Angeklagte ein drittes Mal versuchen, die Staatsgrenze illegal zu überschreiten. Das deutet auf eine erhebliche kriminelle Energie hin."
Er forderte 14 Monate Haft. Mein Anwalt argumentierte mit meiner jugendlichen Unreife und forderte 10 Monate Haft. Die Richterin urteilte in der Mitte: Ich wurde zu einer Haftstrafe von einem Jahr verurteilt. Gleichzeitig wurden einige Gegenstände, die ich bei meiner Flucht bei mir hatte, entschädigungslos eingezogen, z.B. die 100,- DM und mein Kompass. In der Urteilsbegründung hieß es, ich hätte die Gastfreundschaft eines mit der DDR befreundeten Landes (Ungarn) ausgenutzt, um rechtswidrig nicht mehr in die DDR zurückzukehren. *„Angriffe gegen die Staatsgrenze sind immer geeignet, erheblich die Ordnung und Sicherheit an dieser zu beeinträchtigen und Konflikte hervorzurufen. Deshalb sind die Handlungen des Angeklagten eine schwerwiegende Mißachtung der gesellschaftlichen Disziplin, so daß nur mit einer Freiheitsstrafe reagiert werden mußte.“*

---

[15] Vorarbeiter

Zwei Tage nach meiner Verurteilung wurde ich in die Strafanstalt nach Halle in den „erleichterten Vollzug“ verlegt. Der „erleichterte Vollzug“ war das Jugendhaus Halle. Ein Komplex u.a. bestehend aus vier parallel stehenden Plattenbauten. Es gab ein kurzes Aufnahmegespräch, nach dem über mich festgehalten wurde: *„J ist intelligend, Ruhig und verschlossen.“*
Im Inneren des Gebäudes, in das ich gebracht wurde, das Haus 2, gab es einen langen Flur, an den zu beiden Seiten die Zellentrakte angeschlossen waren. Die Zellentrakte bestanden aus Aufenthaltsräumen und Schlafräumen. Ich kam zunächst in einen Schlafraum, in dem mir das obere Bett eines Doppelstockbettes zugewiesen wurde. Zwei Mithäftlinge schliefen in einem Doppelbett nebeneinander, was mir zunächst seltsam vorkam. Ich lernte schnell, dass es eine Hierarchie unter den Gefangenen gab. Einer der 'Chefs' bat mich, ihm den Rücken zu massieren, was ich vor lauter Angst auch tat. Dafür wurde ich mit Nüssen von ihm belohnt. Am nächsten Tag sagte im Aufenthaltsraum jemand zu mir,
„Weißt du eigentlich, wo du gelandet bist?"
Da begann mir langsam zu dämmern, was los war. Der 'Chef' wollte mich als seine 'Mietze', seinen Geliebten haben.
"Ich mache das hier nicht mit!" brüllte ich in den Raum.
Zur Strafe verordnete der 'Chef', dass ich den langen Hauptflur sinnlos lange polieren musste, blokkern, wie man das nannte. Ich habe den ganzen Abend stundenlang poliert und musste jetzt also diesen Neulingsdienst nachholen. Letztendlich

wurde ich aber noch an diesem Tag in einen anderen Schlafraum verlegt.

Am Ende des langen Hauptflures, den ich blockern musste, war ein Fernsehraum. Ich war dort nur einmal drin. Denn wer da hinein durfte, hat immer einer der 'Chefs' bestimmt. Und das waren in meinen Augen nicht die angenehmsten Typen, die dort saßen. In der Regel waren das die, die am längsten einsaßen und am gewalttätigsten waren. Glücklicherweise waren in dem Zellentrakt, in dem ich untergebracht war, keine so genannten BV-er (Berufsverbrecher), sondern eher politische Häftlinge oder Kleinkriminelle.

Wir trugen alle die gleiche Häftlingskleidung. Graublaue Hemden und Hosen. Die Hosen hatten gelbe Streifen. Es hieß, die Wachhunde wären auf diese gelben Streifen abgerichtet.
Im Gegensatz zur U-Haft in Gotha ging man in Halle außerhalb der Zelle arbeiten. Dazu mussten wir jeden Morgen in Formation im Gleichschritt vom Haus 2 über den Hof zum Arbeitsbereich im Keller des Hauses 1 marschieren. „Eins, zwei drei, eins zwei drei“, gab ein Mitgefangener den Takt an. Im Arbeitsbereich selbst konnte ich mich dann relativ frei bewegen. Außerdem war es eine willkommene Abwechslung im langweiligen Einerlei des Lebens im Zellentrakt.
Ich habe Glühlampenfassungen zusammengebaut. Mit der linken Hand musste man Metallteile in eine Maschine einführen und mit der Rechten wurde das Ganze festgezurrt. Ein Vorarbeiter wies mich in den Gebrauch der Maschine ein. Er selbst hatte

2 1/2 Jahre abzusitzen und war ein angenehmer, ruhiger Typ. Er war der Assistent des Meisters. Dieser Meister, ein so genannter Externer, war ein Angestellter der Glühlampenfirma. Eines Tages war der Vorarbeiter weg. Er hatte angeblich Abrechnungen manipuliert, ein neues Verfahren bekommen und war in eine andere Haftanstalt verlegt worden.

Für die Arbeit bekamen wir etwas Geld, mit dem man im Gefängnisladen einkaufen konnte. Einige haben mit den Externen eifrig gehandelt. Für eine Packung Jacobs Kaffee wurden 20 Mark bezahlt. Ich selber habe manchmal mit Zucker gehandelt. Von dem Geld, das ich durch den Zuckerhandel verdiente, kaufte ich mir einen so genannten Fuchs. Ein Fuchs war ein selbstgebauter, abenteuerlicher Tauchsieder zum Tee kochen, den man jedoch nicht besitzen durfte. Ich versteckte meinen Fuchs in einer Stofftasche, die ich immer bei mir trug. Jeder Häftling hatte eine solche Stofftasche, wie sie auch von der NVA benutzt wurde. Irrwitzigerweise konnte man im Gefängnisladen Tee kaufen, aber es gab keine Möglichkeit Wasser zu kochen.

In dem Gefängnis in Halle lernte ich einen Mann kennen, der wie ich versucht hatte, zu fliehen. Er hatte noch Splitter der Selbstschussanlagen im Hals und in der Brust. Es war wohl zu gefährlich, sie zu entfernen oder man hatte sich nicht die Mühe gemacht. Er hat mir von seinem Fluchtversuch erzählt. Als er von den Selbstschussanlagen getroffen, schwer verletzt im Todesstreifen lag, hörte

er wie einer der Grenzer sagte: "Da liegt ja das Schwein." Er hatte eine längere Haftstrafe abzusitzen als ich. Er war ein Bastler und Tüftler, deshalb ist er wahrscheinlich auch an den Grenzanlagen so weit gekommen. Nur gut, dass ich kein Bastler und Tüftler war. Mir reichte der Stromschlag, den ich am Elektrozaun bekommen hatte.
Er hatte sich ein superkleines Radio gebaut, das er in einer Seifenschale versteckt hatte. Irgendwann wurde das Radio bei einer Filz-Aktion der Gefängnisleitung entdeckt und sofort konfisziert. Der Mann wurde von den Wachen weggebracht und kam nicht mehr in unseren Zellentrakt zurück. Ich selber hatte Glück, als mein Fuchs bei einer solchen Aktion entdeckt wurde. Mir wurde der Tauchsieder zwar abgenommen, ich erhielt aber keine zusätzliche Strafe.

Außer einem Fuchs und einem Radio war auch Tätowieren und der Besitz von Tätowierbesteck strengstens verboten. Das Tätowierbesteck bestand aus einer Nähnadel und einem Bindfaden, der um die Nadelspitze gewickelt wurde. So präpariert wurde die Nadel in die Tätowiertinte, eine Mischung aus Marmelade und Ruß, eingetaucht. Es gab zwei Tätowiermethoden: reißen oder punkten. Ich fand das widerlich und habe mich immer davon fern gehalten. Im Nachhinein fand ich in meinen Gefängnisakten einen so genannten Tätowierungsbogen und jeden Monat eine Eintragung „keine Tätowierung“. Ich kann mich nicht erinnern, allmonatlich auf Tätowierungen untersucht worden zu sein. Offensichtlich fand diese

Bestandsaufnahme heimlich, z.B. im Waschraum statt.

Auf 'meiner' Station gab es noch zwei weitere junge politische Häftlinge in meinem Alter. Wir wurden die Fraggles (nach einer damaligen Fernsehserie) genannt, weil wir viel miteinander herumhingen. Wir zogen uns gerne gemeinsam zurück und machten uns heimlich über die BV-er lustig, indem wir sie heimlich imitierten. Mit einem der beiden habe ich manchmal ein dreidimensional gedachtes Würfelspiel gespielt. Wir haben uns also einen dreidimensionalen Würfel vorgestellt, der wie ein Zauberwürfel aus 3x3x3 kleineren Würfeln besteht. Jeder dieser kleineren Würfel hatte eine eindeutige Nummerierung. Ziel war es, als erster drei gleichfarbige Würfel nebeneinander vertikal, horizontal oder schräg durch den Würfel zu platzieren. Er belegte mit blau ich mit rot. Wir hatten uns dazu einmal nach getaner Arbeit in einen Lagerraum zurückgezogen und saßen im Dunkeln und spielten. Plötzlich kam jemand herein und machte das Licht an. Da merkte ich erst, dass ich einen Hammer in der Hand hielt. Das muss ein seltsamer Anblick gewesen sein. Zwei junge Männer sitzen im Dunkeln in einem Raum und einer hält einen Hammer in der Hand!

Nach ein paar Monaten durfte ich zum ersten Mal Besuch von meiner Mutter und meiner Schwester bekommen. Meine Mutter war die einzige der ich schreiben durfte, aber auch sie hat nicht alle meine Briefe bekommen. In meinen Gefängnisunterlagen habe ich Jahre später auch einen Brief meiner

Schwester und sogar von meinem alten Kumpel Schmecken gefunden. Alle meine Freunde hatten mich mit diesen Brief gegrüßt und mir gezeigt, dass sie an mich dachten. Ich habe ihn erst über 20 Jahre später als Kopie aus dem Bundesarchiv bekommen.
Gemeinsam mit anderen Häftlingen, die ebenfalls Besuch hatten, saß ich mit meiner Mutter und meiner Schwester im so genannten Sprecherraum. Die beiden waren auf mein Betreiben hin, im Büro des Rechtsanwalts Vogel gewesen. Dort hatte man ihnen gesagt, dass es mit dem Freikauf nicht klappen würde. Meine Mutter hatte meiner Schwester verboten, mir das zu sagen. Natürlich hielt sie sich nicht daran und erzählte es mir. Ich rastete aus:
"Dann stelle ich mich mit einem Plakat auf den Alexanderplatz und demonstriere!", brüllte ich. Sofort wurde ich abgeführt. Meine Hände wurden auf dem Rücken gefesselt und der Schließer verdrehte meine Arme. Ich habe mich vorgebeugt und vor Schmerz gestöhnt.
"Na, was ist denn?" war die zynische Frage.
Ich kam in das Haus 4, in Einzelhaft. „Absonderung von anderen Strafgefangenen“ hieß das in der „Verfügung über eine Sicherungsmaßnahme wegen Staatsverleumdung in der Öffentlichkeit und Widerstand“. Ich saß in einer winzigen Zelle. Es gab ein Bett, einen Tisch und einen Stuhl. Die Toilette war durch ein Eisengitter abgetrennt. Ich musste klingeln, wenn ich zur Toilette wollte – ein Knast im Knast. Am nächsten Tag ging um 5 Uhr in der Früh das Licht an. Ab dem Zeitpunkt durfte ich nicht mehr auf dem Bett liegen oder auf dem

Bett sitzen. Da es nichts zu tun gab und mir etwas schwindelig war, legte ich mich auf den gefließten, kalten Boden. Dazu legte ich einen meiner Badelatschen unter meinen Kopf, den anderen unter meinen Hintern und streckte mich auf dem Boden aus. Kurz darauf wurde an die Tür geklopft: "Aufstehen!"
Nach dem 5-Uhr-Wecken durfte ich nur noch auf dem Stuhl vor dem Tisch sitzen. Um sechs Uhr wurde das Frühstück durch eine Luke in der Tür in die Zelle geschoben, mittags das Mittagessen und abends das Abendessen. Den Rest des Tages gab es nichts zu tun, als auf dem Stuhl zu sitzen und an die Wände und Decke zu starren und nachzudenken. Einmal in dieser Zeit erlebte ich einen Freigang. Mit anderen Häftlingen musste ich im Kreis auf dem Hof laufen. Das war die einzige Abwechslung. Ich durfte beim Freigang nicht mit anderen Häftlingen reden und ich sah im Hof den Mann wieder, der die Splitter der Selbstschussanlagen im Hals hatte und sich das Radio gebaut hatte. Er sah ziemlich fertig aus, denn er war schon seit Wochen in Einzelhaft.
In der Zelle saß ich an dem kleinen Tisch und starrte auf die Klingel für die Toilette. Bisher war immer jemand gekommen, wenn ich sie benutzen wollte. Eine reine Schikane, die Abtrennung des WCs von der Zelle. Alles nur, um mir zu zeigen, dass ich nicht einmal mehr meine menschlichsten Grundbedürfnisse ohne die Gnade des Staates erfüllen konnte. Was würde mit mir weiter passieren? Das war die quälende Frage in diesen Tagen. Ich spielte kurz mit dem Gedanken, auf die Klingel zu drücken, um einen Wärter kommen zu lassen

und diesem mitzuteilen, dass ich meinen Ausreiseantrag zurück ziehen würde. Denn eines war ja klar, meine bisherige Strafe war ja wegen des Ausreiseantrages so hoch ausgefallen. Aber wenn ich jetzt auf die Klingel drücken würde, wäre alles umsonst gewesen: meine Fluchtversuche, die bisherige Zeit im Gefängnis, die unangenehme Zeit als Klempnerlehrling. Um mich abzulenken, habe ich die kahlen Fliesen gezählt. Ich habe mich an den Mathematikunterricht in der Schule erinnert und mit den Fliesen alle möglichen Berechnungen angestellt. Ich legte den Finger auf die Klingel. Die fürchterliche Angst trieb mich um, dass ich noch einen weiteren Prozess bekommen würde. Dass ich wegen meines Ausrasters im Sprecherzimmer wegen 'Herabwürdigung staatlicher Organe in der Öffentlichkeit' verurteilt würde. Das war ein schweres Delikt. Ich war damals gerade 18 Jahre alt und galt ja jetzt als vorbestraft. Ich wollte nicht noch ein, zwei oder gar drei Jahre länger im Gefängnis bleiben. Ich fragte mich, ob es das alles wert sei, wenn ich doch nicht von Westdeutschland freigekauft würde und letztendlich wieder in der DDR landen würde. In der DDR wäre ich dann ein vorbestrafter Krimineller gewesen, ohne Aussicht auf einen vernünftigen Beruf, ohne Perspektive. Ich zog den Finger zurück und zwang mich, an andere Dinge zu denken. Es ging nicht. Den ganzen langen Tag gingen mir diese Gedanken durch den Kopf.
Ich wurde aufgefordert, eine Stellungnahme zu dem Vorfall während der Besuchszeit schreiben. Es war fast eine gnädige Ablenkung, dass ich etwas schreiben konnte: *„Am Sonntag, den 3. März*

ließ ich während der Sprechzeit in Sekunden der geistigen Schwäche und Verwirrung eine Bemerkung fallen, von der ich mich nur auf das Äußerste distanzieren kann. Ich möchte mich bei all denen, die diese verleumderischen und abscheulichen Worte gehört haben, aufrichtig entschuldigen. Diese Äußerung entspricht nicht meiner wahren Einstellung zur DDR, auch wenn ich die Staatsbürgerschaft aus wirtschaftlichen und verwandtschaftlichen Gründen ablegen möchte, so akzeptiere ich die DDR als souveränen und weltweit geachteten Staat, der seine Gesetze hat, die man einhalten muss. Niemals würde ich im Vollbesitz meiner geistigen Fähigkeiten die staatlichen Organe mit ihren hochgebildeten Kadern so betiteln, wie ich es jetzt nicht einmal zu wiederholen vermag.“
Nach fünf endlos langen Tagen ging die Tür auf und endlich sprach wieder jemand zu mir. Der Wachoffizier sagte:
"Da ist ja unser Radaubruder."
Das klang nicht nach Nachstrafe! Offensichtlich hatte man mir meine Entschuldigung abgenommen. Ich war nur ein 'Radaubruder' und unendlich erleichtert. Bevor ich zurückkam in den normalen Vollzug, wurde ich zwei Wochen lang in einer Zelle mit einem weiteren Häftling eingesperrt. „Verfügung über eine Disziplinarmaßnahme: 14 Tage Freizeitarrest.“ Der Mann ließ mich in Ruhe und es gab jemanden mit dem ich mich unterhalten konnte und durfte. Ich saß nicht mehr in Einzelhaft. Nach den zwei Wochen kam ich zurück in den normalen Vollzug. Mir kam das fast vor wie eine Entlassung in die Freiheit.

Ob mein schleimiger Brief dazu beigetragen hat, weiß ich nicht. Meine größte Sorge in der Einzelhaft war, dass ich nach einer zusätzlichen Strafe wieder zurückgeschickt würde in die DDR. Alle Unterlagen, die ich bis jetzt dazu gefunden habe, deuten auch darauf hin. Es wurden Vorbereitungen für meine Wiedereingliederung in die DDR getroffen und bestimmt, dass ich wieder bei meinem ehemaligen Arbeitgeber VEB Heizung-Sanitär in Berlin Mitte arbeiten würde. Allerdings wurde in der Einschätzung über mein Gesamtverhalten bereits die Bemerkung hinzugefügt: *„Es ist damit zu rechnen, dass der SG [Strafgefangene] versuchen wird, erneut auf illegalem Wege in die BRD zu gelangen. Somit können erneute strafbare Handlungen durch den SG nicht ausgeschlossen werden.“* Letztendlich, glaube ich heute, dass mein beständiges Beharren und auch die Aktion während des Besuchs meiner Mutter und meiner Schwester meinen Freikauf erst ermöglicht haben. Ich muss wohl als unverbesserlicher und gefährlicher Systemkritiker gegolten haben.

Der Gefängnisalltag auf der Station war weiterhin bedrückend. Die tägliche Arbeit war die einzige Abwechslung. Eines abends, wir waren gerade wieder im Gleichschritt vom Arbeitshaus zurück marschiert, saß ein Gefangener auf der Treppe. Er war mit Handschellen an das Geländer gefesselt und es war verboten, mit ihm zu sprechen – eine Machtdemonstration.

Ich konnte vom Fenster des Schlafraumes über die Gefängnisumzäunung auf das Wohngebiet an der

Wilhelm-Busch-Straße schauen. Ich sah ein junges Paar, das sich küsste. Das war es, was junge Menschen in meinem Alter taten – nicht im Gefängnis sitzen, weil sie aus der DDR ausreisen wollten. Silvester 1984, als draußen die Böller krachten, zwängte ich meinen Kopf aus dem Betongitterfenster und schrie nach draußen: "Noch 200 Tage!" Die Tage vergingen unendlich langsam und sinnlos.

Eines Tages, ich war auf der Arbeitsstation und stand an der Bohrmaschine, als plötzlich ein Schließer neben mir stand und mir bedeutete, mit ihm zu kommen. Das war ungewöhnlich, dass man einfach so von der Arbeit weggeholt wurde. Das konnte nur eins bedeuten.
"Geht's jetzt ab?" fragte ich den Schließer.
"Hm", knurrte der Mann und gab mir damit zu verstehen, dass ich tatsächlich abgeschoben werden sollte, er aber die Frage nicht beantworten dürfe.
In der Zelle habe ich ängstlich gespannt meine Sachen gepackt. Ich wurde in einen fensterlosen Barkas Klein-Transporter verfrachtet. Ich konnte nicht sehen wohin es ging, aber allen Gerüchten zufolge, die ich bis dahin über die Abschiebungen gehört hatte, kam ich tatsächlich nach Karl-Marx-Stadt in Abschiebehaft. Ich war aufgeregt, versuchte aber, mir nichts anmerken zu lassen.

Die Abschiebehaft dauerte zwei Wochen. In der Zeit saß ich mit einem Mann in der Zelle, der wegen eines Raubüberfalls auf eine alte Frau in Dresden im Gefängnis war. Er hatte versucht, der alten Dame die Handtasche zu entreißen. Diese hatte aber nicht losgelassen und sich offensichtlich gewehrt. Das skurrile an der Situation war, dass er die Geschichte total witzig erzählte.

Bevor ich tatsächlich von der DDR an die Bundesrepublik verkauft wurde, gab es noch ein Entlassungsgespräch. Vor mir saß ein Mann, der mir vorkam wie eine Maschine. Ich erinnere mich an seine hellgrauen, konturlosen Nylonstrümpfe, die ohne jede Falte an seinem Fuß bzw. Bein saßen. Ich musste diverse Papiere unterschreiben, ich denke, dass es die Entlassung aus der DDR-Staatsbürgerschaft war. Außerdem bekam ich die Sachen zurück, die mir bei meiner Verhaftung abgenommen worden waren. Das einzige was fehlte, war der 100,- DM Schein.

Am 15. Mai 1985 stieg ich mit anderen Häftlingen in einen Westdeutschen Reisebus, der uns vom Gefängnis in Karl-Marx-Stadt nach Gießen fahren sollte. Als der Bus losfuhr drehte ich mich um. Was ich sah, waren Gewächshäuser und ein rotes Backsteingebäude. Es sah aus, als wenn ich eine Gärtnerei verlassen würde.
Der Bus war voll besetzt und der Busfahrer bat uns, wenn möglich nicht auf die Toilette zu gehen, es sei denn, es wäre unbedingt nötig, da er noch eine andere Tour habe. Er unterhielt sich mit einem DDR-Grenzer über die letzten Fußballergebnisse. Das stand im Gegensatz zu der allgemeinen angespannten Atmosphäre im Bus. Ich konnte überhaupt nicht glauben, was da vor sich ging, dass ich in Kürze frei sein würde. Wahrscheinlich ging es den anderen genau so.

Auf der Busfahrt habe ich zum ersten Mal den für innerdeutsche Fragen zuständigen Rechtsanwalt Wolfgang Vogel gesehen. Er stieg kurz vor Marienborn in den Bus und hielt eine kleine Ansprache. "Denken Sie mal darüber nach, warum ich das für Sie gemacht habe?", fragte er.
Die Motive von Wolfgang Vogel waren mir in dem Moment völlig egal. Ich war nur froh, dass ich durch seinen Einsatz freigekauft wurde und der ganze Horrortripp endlich zu Ende ging.
An der Grenze ist Vogel wieder ausgestiegen, zusammen mit den DDR-Grenzern. "Die sind wir los", sagte der Busfahrer.
Als der Bus über die Grenze fuhr, gab es erleichterten Applaus.
Laut meinen Gefängnisakten bin ich gar nicht in die Bundesrepublik abgeschoben worden. Das Stadtbezirksgericht Berlin Prenzlauer Berg hat am 3. Mai 1985 beschlossen, dass ich auf Bewährung entlassen werde und die Bewährungszeit auf 1 Jahr festgesetzt wird. Als Begründung: *„Der gegenwärtige Stand der Strafverbüßung läßt begründet erwarten, dass der Verurteilte die notwendigen Schlußfolgerungen gezogen hat und künftig die Gesetzlichkeit der DDR nicht wieder verletzen wird.“ „Als Tag der Haftentlassung wird der 15.05.1985 bestimmt.“* Am 30. April 1985, zu Beginn meiner Abschiebehaft und kurz vor meiner Entlassung in die Bundesrepublik wurde meine Stasiakte angelegt. Auf dem Beurteilungsblatt steht als Strafminderungsgrund: *"BRD 15.5.85"*. Auch meine Straftat ist vermerkt: *'J. versuchte einen ungesetzlichen Grenzübertritt in dem er im Raume Hirschberg die Staatsgrenze der DDR und*

der BRD illegal überschreiten wollte." Die Eintragung des Generalstaatsanwalts der Deutschen Demokratischen Republik war etwas genauer - Urteil: *"wegen mehrfachen versuchten und in einem Fall wegen ungesetzlichen Grenzübertritts, Vergehen strafb. gem. §213 Abs 1,2, und 4 StGB zur Freiheitsstrafe in Höhe von 1 Jahr"*. 1988 erhielt diese Eintragung durch Generalstaatsanwalt der DDR den Stempel 'getilgt'.
Im Nachhinein klingt dieser Eintrag zynisch, denn wenn mir in einem Fall der 'ungesetzliche Grenzübertritt' gelungen wäre, wäre ich ja in Freiheit gewesen und hätte nicht fast ein Jahr sinnlos im Gefängnis zugebracht und hätte nicht von der Bundesrepublik freigekauft werden müssen. Welche Behörde wann was aus meinem Fall übernommen hat, ist mir bis heute nicht klar. Offensichtlich wurde mein Fall in den Strafakten so dargestellt, dass ich ‚ganz normal' in die DDR entlassen wurde. Stattdessen übernahm ab April 1985 die Stasi meinen Fall. Bisher geben die Auszüge aus meinen Stasi-Akten nicht mehr her als eine Kopie meines Ausreiseantrags und den Vermerk meiner Ausreise in die Bundesrepublik. Ich habe einen erneuten Antrag auf Akteneinsicht gestellt und hoffe, dass künftig noch weitere Details dazu aufgetaucht sind.

Der Bus fuhr weiter zum Notaufnahmelager nach Gießen. Dort hatte ich ein Gespräch mit Mitarbeitern alliierter Geheimdienste. Wahrscheinlich gab es diese Überprüfung, weil die DDR immer wieder versucht hat, Kriminelle und Agenten unter die politischen Häftlinge zu mischen. Im Speisesaal

fand eine Veranstaltung mit Abgeordneten des Europäischen Parlaments statt, die sich über die Haftbedingungen in der DDR informieren wollten.
Ich habe dazu nichts gesagt. Von den ehemaligen DDR-Häftlingen war ich mit gerade einmal 19 Jahren sicher der jüngste, der zu der Zeit in Gießen war. Ich habe das ganze Geschehen eher schüchtern staunend verfolgt, als mich zu Wort zu melden. Andere ehemalige Häftlinge schilderten ihre Erlebnisse.
Ich war insgesamt drei Tage in Gießen. Ich machte Spaziergänge durch die Stadt. In der Auslage eines Elektronikfachgeschäftes fiel mir ein Taschenrechner auf, bei dem neben dem Kaufpreis 14% Mwst extra ausgewiesen waren. Mehrwertsteuer, das gab es in der DDR nicht.
In Gießen wurden ehemalige DDR-Häftlinge nicht nur von den Geheimdiensten befragt, sondern vor allem hinsichtlich ihrer Zukunft in der Bundesrepublik beraten. Für mich war klar, dass ich zu meiner Oma nach Hann. Münden fahren und dort in der nächsten Zeit unterkommen würde.

Wieder in Berlin

Während meiner Zeit in Hann. Münden und Kassel verstärkte sich mein Wunsch nach einem Studium der Kunstgeschichte. Noch in der DDR hatte ich ja kurz über ein Studium an der Kunsthochschule Weißensee nachgedacht. Inzwischen hatte ich einen Zeichenkurs besucht und viele Kohlezeichnungen angefertigt. Ich wollte aber nicht nur selbst Malen, sondern interessierte mich auch für andere Maler und Geschichte der Malerei. Ich besorgte mir Informationen über das Studium Kunstgeschichte. Von vorneherein wurde darauf hingewiesen, dass das Studium nicht ganz billig sei, weil natürlich einige Arbeitsmaterialien anfielen, vor allem aber unbedingt ein Praktikum in Florenz zu empfehlen, wenn nicht gefordert wäre. Dafür reichte mein Geld auf keinen Fall. Ich begann über andere Studienrichtungen nachzudenken. Jura: das fand ich interessant. Die Berufe, die im Studienberater "Jura" aufgezählt wurden, waren Richter, Staatsanwalt und Rechtsanwalt. Das konnte ich mir aufgrund meiner Herkunft überhaupt nicht vorstellen. So überlegte ich weiter. Entscheidend beeinflusst hat meine Studienwahl schließlich ein Gesellschaftskundelehrer in Kassel. Er sagte: "Maler beleuchten gesellschaftskritische Hintergründe." Ich dachte darüber nach. Gesellschaftskritische Hintergründe, wie funktioniert staatliche Struktur? Das schienen mir spannende Fragen des Alltags. Also entschied ich mich für ein Studium der Politikwissenschaft mit dem Schwerpunkt öffentliche Verwaltung und Stadtplanungsrecht.

1986 bin ich zum ersten Mal wieder nach Berlin gefahren. Nach West-Berlin, das ich ja überhaupt nicht kannte. Die Häuser sahen so aus, wie in dem Berlin, in dem ich aufgewachsen war, aber die Atmosphäre war eine völlig andere. Die Stadt, die Art der Bebauung, die Mietshäuser waren wie in meinem Berlin, aber es fuhren andere Autos, es gab andere Geschäfte, die Menschen waren anders gekleidet. Die Verpackung der Stadt war gleich, aber der Inhalt war ein anderer. Das war meine Heimatstadt, aber ich war doch nicht zu Hause.
Ich wollte meine Eltern in Prenzlauer Berg besuchen. Ich reihte mich am Bahnhof Friedrichstraße in die Schlange der Ost-Berlin Besucher und stand im Tränenpalast in der Grenzkontrolle. Die Prüfung meines Reisepasses dauerte ungewöhnlich lange. Die Menschen in der Schlange hinter mir und ich selber wurden langsam unruhig. Schließlich trat der Grenzbeamte seitlich vor mich hin. Er sah mich betont nicht an. Mit einer abweisenden Handbewegung tippte er mit meinem Reisepass gegen meinen Arm. "Ihr Einreisegesuch wurde abgelehnt." Wie alle ausgebürgerten ehemaligen DDR Bürger durfte auch ich nicht wieder in die DDR und damit auch nicht nach Ost-Berlin einreisen.
Im Grunde hätte ich das wissen können, denn ich hatte ein entsprechendes Merkblatt von der Rechtsanwaltskanzlei Vogel bekommen. Ich hatte nur gehofft, dass es mir in Berlin vielleicht doch gelingen würde.
Ich fuhr nach Wedding. Auf der westlichen Seite der Bösebrücke, die Wedding mit Prenzlauer Berg

verband, bevor die Mauer die Brücke versperrte, ging ich in die Kleingartenkolonie. Über die Eisenbahngleise schaute ich herüber nach Prenzlauer Berg. Ich sah mein Berlin. Die mir vertrauten Häuser, die Lichtmasten des Friedrich-Ludwig-Jahn Sportparks, wo ich so oft mit meinem Freund Schmecken Tennis gespielt hatte. Ich stand dort und weinte.
Ich bin noch am selben Tag wieder aus Berlin weggefahren. Ich konnte es nicht ertragen, in dieser Stadt zu sein.

Im Jahr 1989 habe ich in Kassel mein Abitur gemacht. Danach wollte ich unbedingt Politikwissenschaften studieren. Ich sah mir verschiedene Studienorte an. Konstanz am Bodensee hatte ich in Betracht gezogen. Ich war dort im Sommer 1988 gewesen und beeindruckt von der heiter beschwingten Atmosphäre am See, dem schönen Wetter und der herrlichen Umgebung. Im Winter fuhr ich wieder dort hin. Welch ein Unterschied! Von der fröhlichen sommerlichen Heiterkeit war nichts mehr übrig. Bei Regen und Niesel wirkte das alles ganz anders und traurig. Ich fuhr wieder nach Berlin. Ich übernachtete bei Freunden in Moabit, die ich vom Hessenkolleg Kassel kannte und die jetzt in Berlin wohnten. Ich erkundete die für mich fremde Hälfte der Stadt. An einer Imbissbude in Tempelhof fragte ich, mit meinem Berliner Akzent einen Mann
„Wie komm‘ ik denn von hier zum Ku’damm?“
Für mich war das eine durchaus ernst gemeinte Frage. Der Mann sah mich jedoch mit zusammen-

gekniffenen Augen und einem mehr als skeptischen Blick an:
„Wenn du mich verscheißern willst, such dir einen anderen."
Ich konnte mich in West-Berlin einfach nicht heimisch fühlen. Außerdem studierte meine Freundin in Frankfurt/Main. Ich fuhr nach Frankfurt und ging dort zur Studienberatung.
"Wenn Sie wirklich Politikwissenschaften studieren wollen, müssen Sie nach Berlin gehen."
"Da komme ich gerade her", sagte ich. Ich war hin und her gerissen. Sollte ich wirklich in dieses Berlin gehen, das nicht das meinige war? Das Otto-Suhr-Institut ist eines der renommiertesten im Bereich Politikwissenschaften. Mir war es wichtig, zu verstehen, wie Staat und Politik funktionieren. Wie schon am Hessenkolleg in Kassel wollte ich mir ein Studienfach nicht von persönlichen Abneigungen gegen bestimmte Lehrer oder in diesem Fall von meinen persönlichen Problemen mit dem Studienort madig machen lassen. Ich ließ also alle Zweifel hinter mir und schrieb mich in West-Berlin am OSI ein.

Es war gar nicht so einfach, im 'Mauer' West-Berlin eine Wohnung zu finden. Ich wäre ja schon mit einem WG-Zimmer zufrieden gewesen. Zunächst kam ich wieder bei meinen Freunden in Moabit unter. Auch einen Nebenjob finden, war in meiner Situation nicht ganz einfach. Ich bewarb mich bei einem Zeitungskiosk in Frohnau. Die Besitzerin lehnte mich ab:
„Sie waren ja im Gefängnis, da sind Sie vorbestraft. Nein, da kann ich Sie nicht nehmen."

Trotzdem wurde ich langsam warm mit dem Westen von Berlin und seinen Möglichkeiten. Über Beziehungen bekam ich nach einiger Zeit eine Wohnung in Spandau. Das war natürlich meilenweit entfernt von der Uni und dem, was ich mir als 'in Berlin wohnen' vorstellte. Immerhin war es von meiner Wohnung nicht weit zur Havel. Dort saß ich eines Sommertages am Strand. Eine französische Militärfähre, beladen mit einem Panzer, fuhr auf dem Fluss entlang und stoppte vor meinen Augen. Plötzlich ging eine Klappe herunter. 'Naja, die werden doch jetzt nicht mit dem Panzer von Bord fahren', dachte ich mir. Aber genau das geschah. Der Panzer fuhr von der Fähre in die Havel genau Richtung Strand. Panisch flüchteten die Strandbesucher neben mir, denn der Panzer fuhr genau in ihre Richtung als wenn sich dort niemand befinden würde. Er fuhr quer über den Strand und verschwand irgendwo im Wald. Es war eine gespenstische Situation, die mir die absurde Nachkriegslage West-Berlins schlagartig deutlich machte.

Die Nachkriegslage zeigt sich auch auf meinen Fahrten nach Frankfurt/Main, wenn ich meine Freundin besuchte. Notgedrungen fuhr ich oft auf dem Transit mit meinem Motorrad zwischen Berlin und Helmstedt.
Einmal wurde ich auf der Transitstrecke angehalten, weil ich die Füße auf den hinteren Fußrasten hatte.
"Sie sitzen nicht vorschriftsmäßig auf dem Motorrad."
"Wieso?"
"Sie können doch so nicht bremsen."

Ich erhielt eine Geldstrafe.

Im Sommer 1989 traf ich mich mit meiner Schwester Yvonne in der Nähe von Berlin. Wir hatten uns (illegalerweise) an der Raststätte Michendorf verabredet. Yvonne war mit einem Kollegen, der ein Auto hatte, nach Michendorf gekommen. Als ich ankam, waren die beiden bereits dort. Wir sind zusammen in die Raststätte gegangen und tranken zusammen Kaffee. Ich kam mir vor, wie bei einem Agententreffen. Wir waren die ganze Zeit auf der Hut, damit niemand unser Gespräch belauscht. Deshalb hatten wir uns zur Begrüßung auch nur die Hände geschüttelt und uns nicht umarmt.
Die Atmosphäre in Michendorf war bedrückend, wie immer auf Transitfahrten. Bei der Grenzkontrolle bei der Rückreise nach Berlin, nahm der Grenzer wie üblich meinen Ausweis und ging in die Grenzstation. Währenddessen packte ich einen Schokoriegel aus.
"Jetzt isst er Schokolade!" maulte mich der Grenzer an, als er zurückkam. Wahrscheinlich hatte er gerade festgestellt, dass ich ein ehemaliger DDR-Bürger war und empörte sich über meine vermeintliche Respektlosigkeit.

Am Tag als die Mauer fiel, am 9. November 1989 saß ich in Kreuzberg in einer Kneipe und trank ein Bier mit Freunden. Plötzlich ging die Tür auf, ein Mann kam herein und rief "Die Mauer ist gefallen". "Ja ja, lass uns hier mal noch in Ruhe ein Bier trinken", sagte ich. Wie die meisten anderen in der Kneipe hielt ich das für einen blöden Witz und nahm es nicht ernst. Ich hielt es selber für völlig

unmöglich, dass so etwas jemals passieren würde und interessierte mich in der ersten Stunden überhaupt nicht dafür.
Viele Studienkollegen begannen in diesen Tagen ihre Diplomarbeit umzuschreiben, weil das plötzliche Ende der DDR auch bei Politikwissenschaftlern nicht vorgesehen war.

Kurze Zeit später besuchte mich meine Schwester mit ihrem Mann und ihren Kindern in Spandau. Das war ein ganz anderes Wiedersehen, als noch vor einigen Monaten in der bedrückenden Atmosphäre an der Autobahnraststätte in Michendorf. Es dauerte noch eine ganze Weile, bis ich selbst das erste Mal nach Ost-Berlin fuhr. Mir war mein Erlebnis am Bahnhof Friedrichstraße noch deutlich ins Gedächtnis gebrannt und so tat ich mich kurz nach dem Mauerfall sehr schwer, die neu entstandene Möglichkeit zu nutzen. Erst am 22. Dezember 1989 konnte ich mich überwinden, nach Prenzlauer Berg zu fahren und meine Eltern zu besuchen. Zu dem Zeitpunkt war ich mir noch immer nicht sicher, dass ich wirklich in die DDR einreisen dürfte, doch ich bekam die *‚Anlage zum Westberliner Personalausweis für Personen mit ständigem Wohnsitz in Berlin (West)' mit dem Visum für die 'Einmalige Ein- und Ausreise in die Hauptstadt der DDR Berlin über die Grenzübergangsstelle Bahnhof Friedrichstraße'.*
Als ich in der Stargarder Straße bei meinen Eltern ankam, waren meine Eltern beide nicht da, aber mein Opa Gustav. Gustav war 1989 bereits 97 Jahre alt. Gegenüber 1984 hatte er sich kaum verändert. Er freute sich, mich zu sehen und sagte

zu mir: „Clewe setz dich mal hin, du hast ja mittlerweile auch schon so einiges erlebt.“ Er war sehr interessiert an meiner Geschichte. Ich aber war kurz angebunden. Für mich war es eine bedrükkende Situation. Nach all den Jahren hatte ich mit der Vorstellung gelebt, dass ich nie wieder nach Prenzlauer Berg zurück kommen würde. Ich hatte die DDR und Prenzlauer Berg, meine Familie und meine Kindheit- und Jugenderlebnisse innerlich abgehakt und tief vergraben und beerdigt.
Jetzt saß ich also mit Gustav zusammen in der Wohnung meiner Eltern, die noch immer so katastrophal aussah, wie vor 5 Jahren, als ich sie verlassen hatte. Ich bin schnell wieder gegangen, bevor meine Eltern zurückkamen.

Später habe ich mich mit Gustav intensiver unterhalten. Er erzählte wenig über sich selber, aber über geschichtliche Ereignisse im Laufe des 20. Jahrhunderts, die er miterlebt hatte. Ein Beispiel war die Dolchstoßlegende, die er auch als solche empfunden hatte. Er fühlte sich als Soldat im 1. Weltkrieg im Stich gelassen.

Nachdem ich das erste Mal in Prenzlauer Berg war, bin ich öfter wieder nach Ost-Berlin gefahren. Zusammen mit meiner WG-Mitbewohnerin fuhr ich zum Bahnhof Zoo. Dort wechselte ich Geld auf dem Schwarzmarkt. In der ersten Zeit gab es für 5 DM 100 Ostmark. Später sank der Kurs auf 100 Ostmark für 20 DM. Ich bin damals gerne von Spandau nach Nauen gefahren zum Tanken oder habe am ehemaligen Hauptbahnhof, heute Ostbahnhof eingekauft. Mit der Mitbewohnerin bin ich gerne zum Alexanderplatz gefahren. Dort gab es eine kleine Cocktailbar, in der wir gerne saßen und Cocktails tranken und den Demonstrationen auf dem Platz zusahen. „Wir sind das Volk!“ schallte es vom Platz in die Bar. Das war schon ziemlich dekadent, aber ich hatte das Gefühl, dass ich den Weg aus der DDR in die Bundesrepublik schon gegangen war. Die Menschen da draußen hatten das noch vor sich bzw. waren mittendrin. Und sie würde es nicht ein Jahr im Gefängnis kosten, um in die Freiheit zu kommen. Wir unterhielten uns ironisch, dass wir irgendwann einmal zurückblicken würden auf das Jahr 1990 und darüber sprechen würden, dass da draußen die Menschen demonstrierten, während wir Cocktails schlürften.

Im Frühjahr 1991 machte ich mich auf die Suche nach einer Wohnung in Prenzlauer Berg. In der Lychener Straße, fast auf der Ecke mit der Stargarder Straße fand ich eine leere Wohnung. Ich versperrte sie mit einem Brett und erklärte sie für besetzt. Als ich ein paar Tage später zurückkam, war die Wohnung gegenbesetzt und mein simples Brett durch ein Vorhängeschloss ersetzt. Ich suchte weiter in dem Viertel nach leerstehenden Wohnungen und fand eine in der Dunckerstraße 12 im Seitenflügel. An der Ecke Raumerstraße / Dunckerstraße stellte ich mich in die Schlange der Wohnungssuchenden bei der KWV (Kommunale Wohnungsverwaltung). Als ich an der Reihe war, fragte ich nach der Wohnung in der Dunckerstraße.
„Kennen Sie da jemanden im Haus?“, fragte mich die Sachbearbeiterin.

„Nein“, antwortete ich wahrheitsgemäß. Ich bekam die Wohnung ein paar Wochen später. Wie ich bald herausfand, hatten sich im Quergebäude bereits mehrere West-Berliner Künstler Ateliers eingerichtet, wohnten dort aber überhaupt nicht. Die Wohnungen dort wurden also zweckentfremdet, was überhaupt nicht im Sinne der KWV war. Ich hatte die Wohnung nur bekommen, weil ich niemanden im Haus kannte.
Ich erhielt den Schlüssel und konnte mir meine neue Wohnung das erste Mal ansehen. Es war eine Einzimmerwohnung mit Außentoilette auf halber Treppe. In der Küche stand die Duschkabine, die offensichtlich undicht war, denn der Dielenboden war so weit durchgemodert, dass ich vom 2. Stock in den Keller sehen konnte. Im Wohnzimmer bedeckte ein hässlicher PVC, den traditionell in Ochsenblutrot gestrichenen Dielenfußboden., Ich riss den PVC heraus und warf ihn aus dem Fenster in den Hof. Der Hof war voll gestellt mit Kühlschränken und Waschmaschinen. Unter enormen Kraftaufwand schleppte ich die Altgeräte und den Schrott zum Baucontainer auf die Straße. Schon wieder war ich mit Gerümpel entsorgen beschäftigt.
Um die Ecke in der Raumerstraße habe ich mir eine Schleifmaschine geliehen und wollte damit zum ersten Mal einen Dielenfußboden schleifen. Es war gar nicht so einfach, das schwere Gerät über den holprigen Gehweg zur Wohnung zu fahren. Beim Tragen in den zweiten Stock half mir ein Nachbar. Als ich mit dem Schleifen begann, sprang sofort die Sicherung heraus. Ich ging einen 10er Pack Sicherungen kaufen. Eine nach der

anderen brannte durch, sobald ich die Schleifmaschine anmachte. Glücklicherweise stand vor dem Seitenflügel ein Baugerüst. Über das Gerüst kletterte ich zu den Nachbarn im Quergebäude, die bereits neue elektrische Leitungen erhalten hatten. Sie hängten ein Verlängerungskabel aus ihrem Fenster und ich konnte dort die Schleifmaschine einstöpseln, so dass ich endlich Schleifen konnte. Mühsam schliff ich die dicke Farbschicht von den Dielen und versiegelte den Boden.
In der Ecke des Zimmers stand ein Eisenofen. Er qualmte mehr als er wärmte. Die KWV schickte einen Ofenbauer, der einen Kachelofen einbaute. Mit wenig Rücksicht auf meine frisch abgeschliffenen Dielen stellte er seine Zinkwanne mitten in meinem Wohn- und Schlafzimmer ohne Unterlage auf den Boden. In den Tagen kam auch eine neue Dusche. Und, ich beantragte einen Telefonanschluss, auf den ich mehrere Jahre warten musste, weil die Telekom mit dem Verlegen der Leitungen nicht nach kam. Zum telefonieren musste ich mich regelmäßig in die Schlange vor der Telefonzelle am Helmholtzplatz einreihen.
Beim Umzug von Spandau nach Prenzlauer Berg haben mir mein jüngerer Bruder und dessen Freund geholfen. Der Freund arbeitete in einer Spedition und organisierte einen LKW. Nach dem Umzug gingen wir in eine Kneipe, aber ich war dermaßen erschöpft, dass ich den beiden Geld in die Hand drückte und selber in meiner neuen Wohnung ins Bett verschwand. Ich schlief dort ein, ohne darüber nachzudenken, dass im Nachbarhaus die erste Wohnung meiner Urgroßeltern Wilhelm und Hanna Garnitz gewesen war und dass

das auch die erste Wohnung war, bei der meine Großmutter und meine Mutter nach der Vertreibung aus Schlesien untergekommen waren. Ich war wieder zu Hause.
Meine Freunde aus West-Berlin besuchten mich in Prenzlauer Berg und ich zeigte ihnen die Gegend meiner Kindheit. Mit einem Freund lief ich die Schönhauser Allee auf und ab auf der Suche nach einem Restaurant. Keines der wenigen Restaurants sagte ihm zu. Immerhin konnte ich ihm erzählen, dass ich mich mit Schulkameraden nach der Schule in einem Hinterhof an der Schönhauser Allee in der Nähe der Gneiststraße getroffen hatte. Dort waren Getränkekisten im Hinterhof aufgestapelt. Die alten Holz-Getränkekisten und auch bereits die neuen Plastikkisten. Wir haben an den Kisten herumgekokelt und im Hof Verstecken gespielt. Wir waren damals für Verstecken Spielen eigentlich schon zu alt. Bei unserer Variante musste sich jedoch immer ein Junge mit einem Mädchen zusammen verstecken, so dass das Ganze auch für unser Alter wieder einen Sinn ergab. Ich habe beim Spielen behauptet, ich müsse um 18 Uhr zu Hause sein. Wäre ich später nach Hause gekommen hätte ich mich möglicherweise den Fragen meiner Mutter aussetzen, mit wem ich so lange unterwegs gewesen wäre und ob Mädchen dabei gewesen wären und das wollte ich mir auf jeden Fall ersparen.

In der Zwischenzeit ging mein Studium an der Uni in Dahlem weiter. Ein Dozent verteilte Skripte auf Englisch. "Wenn Sie das nicht lesen können, müssen Sie es lernen“, war die lapidare und eindeutige

Aufforderung. Mein DDR-Schulenglisch war zwar in meinem Abschlusszeugnis der 10. Klasse mit "gut" bewertet worden, war aber mehr als dürftig. Und im Abitur am Hessenkolleg hatte ich auf Latein gesetzt. Wie im Lateinunterricht fing ich nun an, englische Vokabeln zu lernen. Ich fertigte mir selbst Vokabelkärtchen, die ich fortan immer dabei hatte. Während der langen U-Bahn Fahrten von Prenzlauer Berg bis nach Dahlem drehte ich unermüdlich die Kärtchen hin und her. Ich wollte mein Englisch-Defizit kompensieren. Pragmatisch hieß das für mich: nicht mehr zeichnen, sondern lernen. Meine "Karriere" als Zeichner war damit beendet.

Um während des Studiums etwas Geld zu verdienen, erwarb ich 1992 den Taxischein. Das Lernen der Berliner Straßen war grundsätzlich kein Problem, aber die Straßenumbenennungen und die Nummerierung der Hausnummern machten mich wahnsinnig. Manche Straßen waren auf einer Seite durchnummeriert, z.B. von 1 bis 132, während bei anderen Straßen die geraden und die ungeraden Hausnummern gegenüber lagen. Als Taxifahrer musste man vor allen Dingen wissen, in welche Richtung man am kürzesten durch die Stadt fuhr. So verlief dann auch die Prüfung:
"Sie befinden sich an der Prenzlauer Promenade und wollen nach Charlottenburg zum Bahnhof Zoo. Nun fahren Sie mal gedanklich los und beschreiben Sie den Weg."
Ausgerechnet in der Gegend meiner Kindheit zwischen der Danziger Straße, Schönhauser Allee und Prenzlauer Allee habe ich mich verfahren. Ich

bekam noch eine Zusatzfrage, bei der ich den Weg vom Bahnhof Zoo zum Strandbad Wannsee beschreiben sollte. Das war kein Problem. Ich bekam den Taxischein.
"Sagen Sie auch nach vier Wochen noch, Sie hätten den Schein gerade erst gemacht, wenn ein Fahrgast zu Ihnen ins Taxi steigt und Sie den Weg nicht genau wissen", sagte der Inhaber der Taxifirma.
Meine bevorzugten Haltestellen waren der Bahnhof Zoo, Flughafen Tegel und die Hauptstraße in Schöneberg. In Schöneberg begann ich meistens am Sonntagnachmittag gegen 14 Uhr meine Touren. Das waren Gegenden, in denen ich mich besonders gut auskannte. Etwas anders sah das bei Fahrten nach Hellersdorf und Marzahn aus. Diese Gegenden waren mir völlig unbekannt. So fuhr ich einmal 'eine halbe Ewigkeit' im Dunkeln die großen Hellersdorfer Magistralen hin und her, nachdem ich einen Fahrgast dort abgesetzt hatte. Es war wie verrückt, ich bin eine gewisse Zeit nicht aus dieser Gegend herausgekommen.
Während der Zeit des Prozesses gegen Erich Honecker, Anfang 1993, fuhr ich einen pensionierten Richter von Schöneberg zum Bahnhof Zoo. Wir kamen zu diesem Thema ins Gespräch und diskutierten eine Weile. Am Schluss sagte der Richter: "Wir sollten Honecker nicht anklagen."
Leider kam es bei dieser Fahrt nicht mehr zu einer Antwort meinerseits, denn wir waren inzwischen am Zoo angelangt. Ich hatte als Taxifahrer dreimal zufällig die gleichen Fahrgäste gefahren, was in einer Großstadt wie Berlin äußerst ungewöhnlich war.

So stieg ein paar Wochen später der Richter wieder in mein Taxi ein.
"Übrigens, ich habe es mir überlegt, der Honecker sollte doch verurteilt werden“, begann ich überfallartig schon beim Einsteigen des Richters die Fortsetzung unserer Diskussion. Der Richter stieg sofort in die Diskussion ein. Ich argumentierte, ein Mensch wie Honecker sollte über die politischen Geschehnisse und Entscheidungen, die er getroffen hatte, reden und die einzige Möglichkeit dazu sei ein Prozess. Der Richter argumentierte staatsrechtlich und juristisch. Mir ging es nicht darum, dass Honecker ins Gefängnis sollte, aber reden sollte er. Ich wollte seine Motive kennen lernen. Wissen, wie er das System rechtfertigen wollte, in dem er so lange Vorsitzender war. Zumindest war ich froh darüber, dass er in der Charité lag und die Mauerspechte hören konnte, die seine Mauer, die er 1961 so sorgfältig geplant hatte, in kleine Stükke brachen.

Ein anderer Fahrgast beklagte sich über die Berliner.
"Ich habe immer den Eindruck, wenn ich einen Berliner nach dem Weg frage, dann komme ich an der falschen Stelle an."
"Nun ja, der Berliner kennt sich in seinem Kiez aus, wo er herkommt und Freunde und Bekannte hat", verteidigte ich die Berliner.
Später fiel mir ein, dass mich einmal ein Engländer an der Bushaltestelle der Hauptstraße in Schöneberg nach einer Taxitour angesprochen hat.
"Wie komme ich von hier zum Bahnhof Zoo."

"Da müssen Sie umdrehen und in die andere Richtung fahren."
Ich glaube, er war schon auf dem Weg zum Zoo und ich habe ihn nach Süden in Richtung Steglitz geschickt. Warum, weiß ich auch nicht.

Nach einiger Zeit beendete ich das Taxifahren. Ich musste diverse Praktika absolvieren. Ich hatte mein Studium begonnen mit der Frage, wie ein Staat funktioniert. Gegen Ende meines Studiums war ich mehr daran interessiert, zu erfahren, wie aus Land Stadt wird. Prenzlauer Berg war dafür ein gutes Beispiel. Ich bewarb mich bei verschiedenen Behörden für ein Praktikum und konnte zunächst beim Bundesbauministerium in der Außenstelle an der Scharrenstraße, im ehemaligen Bauministerium der DDR ein Praktikum beginnen. Schon während meines Studium arbeitete ich für die Senatsverwaltung für Stadtentwicklung und Umweltschutz. Ich war zuständig für die Organisation von Preisgerichten für verschiedene städtebauliche Wettbewerbe. Dabei avancierte ich zum Experten für die reibungslose Präsentation der Pläne und Modelle vor dem Preisgericht. Mein erstes Preisgericht war die Ausschreibung zur Bebauung der Friedrichstraße, das im Tränenpalast stattfand. Später war ich bei den Preisgerichten zum Stadion der Weltjugend und dem Bundespräsidialamt dabei.
Als die Bundesbaudirektion die internationale Ausschreibung für den Wettbewerb Kanzleramt durchführte und Mitarbeiter für die Betreuung der Ausstellung und die Durchführung des Preisgerichts suchte, fiel die Wahl auf mich. Die Ausstel-

lung und das Preisgericht fanden im ehemaligen Staatsratsgebäude der DDR statt.
"Trotz alledem" steht auf dem großen Glasmalereibild im ehemaligen Staatsratsgebäude der DDR. Dort sind "Szenen aus der Geschichte der deutschen Arbeiterbewegung" abgebildet. Trotz meiner Vergangenheit als politischer Häftling in der DDR hatte ich plötzlich einen Schlüssel zum Staatsratsgebäude, lief in den langen Gängen umher und schaute mich dort um. Ich inspizierte die Büros und Sitzungssäle, die Kantine und die Flure. Sogar mit meinem Fahrrad bin ich im ‚Staatsrat' umhergefahren.
Ich arbeitete in der Ausstellungsbetreuung mit zwei anderen Studenten. Manchmal, an besonders heißen Tagen im Sommer, war wenig los und wir hatten Zeit, im Hinterhof Fußball zu spielen. Im Hof gab es nämlich eine schöne große Rasenfläche, die allerdings einen Nachteil hatte. Im Gras waren Rasensprenger eingebaut und man musste beim Spielen aufpassen, dass man nicht darüber stolperte. Ebenfalls zum "Inventar" gehörte ein Wachmann, der aus der DDR-Zeit übrig geblieben war. Die beiden anderen hatten ihm von meiner Vergangenheit als 'Politischer' erzählt. "Zum Ärger gehörten aber immer Zwei", war seine Antwort. Das hat mich zwar geärgert, war aber zwischen uns kein Thema – wir haben es einfach ausgeklammert. Einmal brachte ich mein Auto, einen Trabant Kübel, mit und er half mir, ihn zu reparieren.
Irgendwann hatte jemand bei der Bundesbaudirektion die Idee, zusätzlich zu der Ausstellung im Staatsrat ein Café einzurichten. Nur zu gerne

nutzten wir die Gelegenheit ein bisschen Geld dazu zu verdienen. Ich war zuständig für die Brötchen. Die kaufte ich in Prenzlauer Berg bei dem Bäcker, bei dem ich schon als Kind Brötchen gekauft hatte. Wir kauften Käse, Schinken, Tomaten, Gurken, usw. und manchmal brachte einer meiner beiden Kollegen auch Kuchen mit. Wir organisierten eine Kaffeemaschine, einen Wasserkocher und einen Sandwich-Toaster und waren damit für die Gäste gerüstet. Aber auch das Café war kein großer Publikumsmagnet. Eines Tages kam ein Vater mit seiner kleinen Tochter in die Ausstellung und setzte sich zu uns ins Café. Da nicht viel los war, spielte ich mit der Tochter. Ich nahm eine der Ausstellungs-Kappa-Platten, legte sie auf den Boden und dann rutschten wir zusammen auf der Platte die große Treppe unter der Glasmalerei hinab. Ich, Cliewe Juritza, verurteilter politischer Häftling rutschte auf Erich Honeckers rotem Teppich im Staatsratsgebäude die Treppe herunter!
Richtig spannend wurde es während der Ausstellung des Kanzleramt Wettbewerbs nur an dem Tag, an dem vermummte Autonome einen Eimer Mist auf das Modell des Wettbewerbssiegers kippten. Leider war ich nicht dabei, denn mein Ausstellungsdienst begann erst später. Danach wurde Sicherheitspersonal neben dem Eingang positioniert.
Gegen Ende der 90iger Jahre nahm die Zahl der städtebaulichen Wettbewerbe ab und die finanzielle Situation des Landes Berlin wurde immer prekärer. Ich hatte mich bereits mehrfach auf eine Referendariatsstelle beim Land Berlin beworben und jedes Mal eine Absage erhalten. Durch die

DDR-Lehre und die Haftzeit hatte ich eine Menge Ausbildungszeit verloren und war dadurch inzwischen zu alt, um noch in den öffentlichen Dienst einzusteigen. Freiberufliche Aufträge wurden vom Land immer spärlicher vergeben, bis andauernde Haushaltssperren das quasi unmöglich machten.
Ich machte eine Fortbildung zum Internet-Designer und wurde schließlich Redakteur einer Berliner Wochenzeitung und schrieb für diverse Berliner Einkaufszentren. Einerseits machte es mir Spaß zu fotografieren, Menschen zu interviewen, andererseits war die Haus- und Hofberichterstattung nicht wirklich das, was ich in meinem Leben tun wollte.
1988 habe ich im Standesamt Prenzlauer Berg geheiratet. „Sie wollen keine Ringe, Sie wollen keinen Fotografen, Sie wollen keine Musik und eine Rede von mir wollen Sie auch nicht“, sagte die Standesbeamtin bei den Vorbereitungen zur Trauung. Meine Frau und ich waren uns einig: so wenig Schnickschnack wie möglich und eine Trauung nur im engsten Familienkreis.
Zu der Zeit bewarb ich mich immer wieder für einen festen Job in Berlin, bekam aber nur Absagen. Der feste Job kam erst außerhalb von Berlin: in München. Ich wollte nicht weg aus Berlin, die Stadt nicht ein zweites Mal quasi unfreiwillig verlassen müssen, aber meine Frau drängte darauf. Nach einer Woche Arbeitsuche in München hatte ich eine feste Anstellung in der Pressestelle eines großen amerikanischen Fast-Food Konzerns. Dort habe ich sehr spannende Pressearbeit erlebt. Ich wurde trainiert im richtigen Umgang mit den Medien. Diesmal war ich also nicht Journalist, sondern

stand plötzlich auf der anderen Seite und wurde befragt. Ich lernte geschickt zu antworten und zu präsentieren. Ich betreute das Intranet der Firma und Monat für Monat weihte ich neue Mitarbeiter mit der Firmenpräsentation in die Tiefen des Intranets und der Gepflogenheiten des Hauses ein. Trotzdem war ich unzufrieden. Ich empfand das Arbeitsklima als schlecht, fühlte mich kleingehalten und konnte zum ersten Mal live miterleben, dass Arbeit und Leistung sich nicht von selber lohnt. Das alte Sprichwort „Klappern gehört zum Handwerk“ hatte ich nicht gelernt. Ich war erzogen, möglichst bescheiden und zuverlässig zu sein. In dieser Arbeitswelt half mir das überhaupt nicht weiter. Nach sechs Jahren beständigen Arbeitens und vollem Einsatz eskalierte die Situation und ich verließ die Firma. Da auch meine Frau zurück nach Berlin wollte, war das die passende Gelegenheit. Gemeinsam wagten wir den irren Sprung zurück: aus zwei Doppelverdienern in München wurden zwei Jobsuchende in Berlin.
Endlich besann ich mich auf meine Stärken, auf das was ich kann und das, was ich gerne tue. Ich kenne Berlin von Ost und von West und ich kenne das Nach-Mauer Berlin. Ich bin aufgewachsen im „Szene-Bezirk“ Prenzlauer Berg. Ich kann gut und spannend erzählen und gewandt reden. Was lag da näher als Stadtführungen in Berlin anzubieten? Seit 2006 bin ich nun wieder in Berlins Straßen unterwegs. Hauptsächlich in Prenzlauer Berg, Mitte und an der ehemaligen Berliner Mauer. Ich habe endlich diese, meine Geschichte aufgeschrieben und ich erzähle sie auf meinen Führungen. Und je weiter die Geschichte zurückliegt,

merke ich, wie wichtig es ist darüber zu reden, über die Zeit, in der die Berliner Mauer noch kein Denkmal war.

Stadtführungen mit Cliewe Juritza

Als die Berliner Mauer noch kein Denkmal war
Entlang des ehemaligen Todesstreifens an der Bernauer Straße

Friedhöfe und Grenzregime
Vom Invalidenpark bis zur Chausseestraße

Prenzlauer Berg
Vielfalt auf engstem Stadtraum – Quer durch den Kollwitzkiez

Prenzlauer Berg
Von der Schönhauser zur Stasi – Cliewe führt durch seinen Helmholtzkiez

Prenzlauer Berg
Leben & Sterben in den letzten Tagen des 2. Weltkriegs – Rund um den Gleimkiez

Regierungsviertel
Wo Politik und Nachrichten gemacht werden – Vom S-Bahnhof Friedrichstraße zum Checkpoint Charlie

Die Berliner Mauer im Regierungsviertel
Vom Potsdamer Platz bis zum Checkpoint Charlie

Treptower Park
Von der verhinderten Weltausstellung zum Sowjetischen Ehrenmal

http://www.cliewe.de